D1212713

GRANDES DÉCOUVERTES
SCIENTIFIQUES

LA DÉCOUVERTE DE L'ADN

Camilla de la Bédoyère

www.hurtubisehmh.com

Auteur : Camilla De la Bedoyere
Experte-conseil : Anne Whitehead, Ph. D.
Traducteur : Christian Tremblay
Éditrice : Sonya Newland
Conception : D.R. Ink
Recherche d'images : Julia Bird

Titre original de cet ouvrage : The Discovery of DNA
Édition originale publiée en Grande-Bretagne par Evans Brothers Limited
2A Portman Mansions
Chiltern Street
London W1U 6NR

Dépôt légal : B.N. Québec 3e trimestre 2006
B.N. Canada 3e trimestre 2006

Éditions Hurtubise HMH ltée
1815, avenue De Lorimier
Montréal (Québec) H2K 3W6 Canada
Téléphone : (514) 523-1523 / Télécopieur : (514) 523-9969

Les Éditions Hurtubise HMH bénéficient du soutien financier des institutions suivantes pour leurs activités d'édition : Gouvernement du Canada par l'entremise du Programme d'aide au développement de l'industrie de l'édition (PADIÉ), Gouvernement du Québec par l'entremise du programme de crédit d'impôt pour l'édition de livres.

ISBN : 2-89428-921-9

Crédits photographiques

Page couverture A. Barrington Brown/Science Photo Library ; Alfred Pasieka/Science Photo Library ; Alfred Pasieka/Science Photo Library 3 Science Museum/Science & Society Picture Library 4(h) Alfred Pasieka/Science Photo Library 4(b) Novosti/Science Photo Library 5 A Barrington Brown/Science Photo Library 6(h) Bluestone/Science Photo Library 6(b) J. W. Shuler/Science Photo Library 7 Tony Camacho/Science Photo Library 8 A. Crump, TDR, OMS/Science Photo Library 9(h) Damien Lovegrove/Science Photo Library 9(b) © Chris Collins/Corbis 10(h) Gopal Murti/Science Photo Library 10(b) George Bernard/Science Photo Library 11 Renee Lynn/Science Photo Library 12 Science Photo Library 13(h) Sinclair Stammers, préparé par Andy Cowap/Science Photo Library 13(b) Science Photo Library 14 James King-Holmes/Science Photo Library 15(b) J. De Mey, ISM/Science Photo Library 16 Science Photo Library 18(h) T. H. Foto Verbung/Science Photo Library 18(b) Eye of Science/Science Photo Library 19(b) Science Photo Library 20(h) Alfred Pasieka/Science Photo Library 20(b) Science Photo Library 22(h) A. Barrington Brown/Science Photo Library 22(b) Science Photo Library 23(b) Science Museum/Science & Society Picture Library 24 John Bavosi/Science Photo Library 25(b) Alfred Pasieka/Science Photo Library 26(g) Alfred Pasieka/Science Photo Library 26(d) Science Photo Library 27(h) Ian Boddy/Science Photo Library 27(b) Gopal Murti/Science Photo Library 28 Peter Menzel/Science Photo Library 29(h) Andy Harmer/Science Photo Library 29(b) Science Museum/Science & Society Picture Library 30 Alfred Pasieka/Science Photo Library 31(h) © Archivo Iconografico, S.A./Corbis 31(b) ISM/Science Photo Library 32(h) Astrid & Hanns-Frieder Michler/Science Photo Library 32(b) David Parker/Science Photo Library 33(h) © Bettman/Corbis 33(b) J. C. Revy/Science Photo Library 34(h) Hans-Ulrich Osterwalder/Science Photo Library 34(b) © Ted Streshinsky/Corbis 35(h) Tom Myers/Science Photo Library 35(b) Chris Knapton/Science Photo Library 36(h) James King-Holmes/Science Photo Library 36(b) P.H. Plailly/Eurelios/Science Photo Library 37 Mark Clarke/Science Photo Library 38 Simon Fraser/RVI, Newcastle-Upon-Tyne/Science Photo Library 39 James King-Holmes/Science Photo Library 40 Laguna Design/Science Photo Library 41 BSIP, Laurent/Science Photo Library 42(h) Lawrence Lawry/Science Photo Library 42(b) Science Museum/Science & Society Picture Library 43 © Andrew Brookes/Corbis 44 Roger Harris/Science Photo Library

TABLE DES MATIÈRES

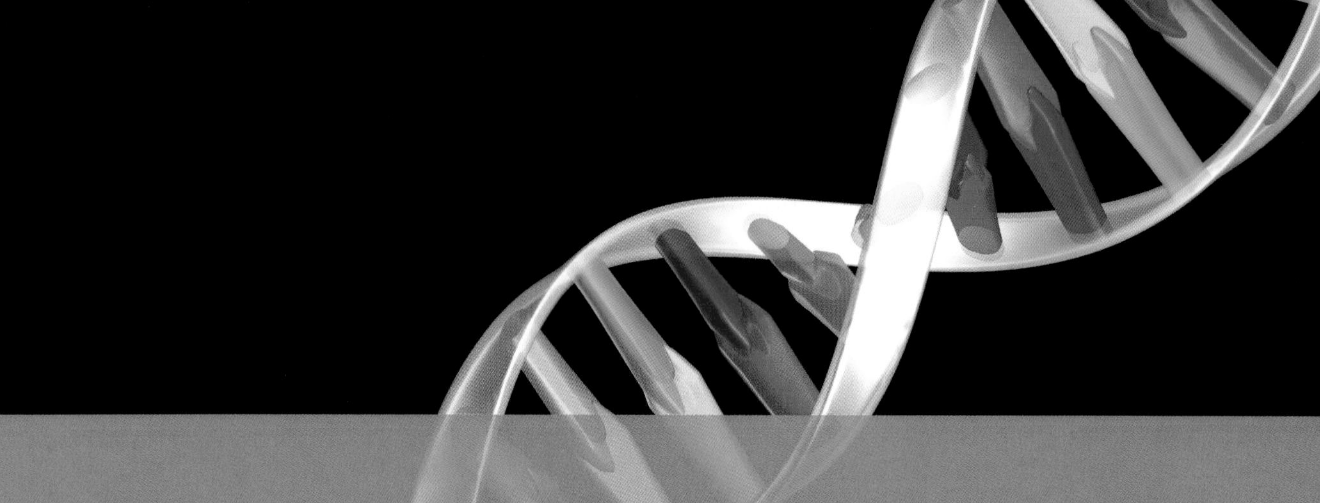

« Lorsqu'on les aura enfin compris, les messages génétiques que recèlent nos molécules d'ADN répondront une fois pour toutes aux questions entourant les fondements chimiques de l'existence même de l'espèce humaine. » **JAMES D. WATSON, 1989**

Introduction

CI-DESSUS : *Ce graphique informatisé nous montre la forme hélicoïdale de l'ADN, laquelle renferme l'information sur les caractéristiques héréditaires.*

En 1953, deux jeunes scientifiques réalisaient une des découvertes les plus importantes du XXe siècle en identifiant la structure de l'ADN, une grande molécule qu'on retrouve dans chacune des cellules de notre corps et qui contient toute l'information nécessaire à la vie.

Lorsque les scientifiques sont en quête de nouvelles connaissances, ils ne disposent habituellement que d'une bonne idée ou d'une question à laquelle ils souhaitent répondre. L'histoire de l'ADN ressemble à bien d'autres découvertes scientifiques. Pendant des siècles, les gens ont tenté d'éclaircir les mystères de l'hérédité. Pour quelle raison les enfants ressemblent-ils à leurs parents ? Comment ce message de la « ressemblance » se transmet-il d'un humain, d'un animal ou d'une plante à son rejeton ? Comment la cellule se reproduit-elle ? Lorsque Watson et Crick déchiffrèrent les secrets de l'ADN, ils réalisèrent qu'ils étaient sur le point de répondre à toutes ces questions. Comme bien d'autres percées scientifiques, la découverte de l'ADN devenait le fruit de nombreuses années de recherche et de découvertes par d'autres scientifiques sans lesquels le mystère de l'hérédité génétique serait demeuré précisément un mystère.

CI-DESSOUS : *On a cloné ces lapins – les deux sont parfaitement identiques et possèdent le même matériel génétique. Le clonage n'est qu'un exemple du génie génétique, une science qui évolue depuis qu'on a découvert la structure de l'ADN.*

Les travaux de Watson et Crick ont ouvert la voie à une nouvelle ère où les scientifiques pouvaient enfin espérer comprendre la façon dont les caractéristiques étaient transmises de génération en génération. Bien qu'elle constitue une percée importante, la découverte de la structure de l'ADN ne fut qu'une des nombreuses étapes ayant mené au génie génétique, ainsi qu'aux magnifiques réalisations scientifiques et médicales dont nous bénéficions maintenant. Son parcours est parsemé d'occasions ratées, d'impasses et de moments de pur génie. Comme bien d'autres découvertes scientifiques, elle se révèle pleine de promesses qui viendront changer nos vies. En comprenant la structure de l'ADN, on acquiert un certain pouvoir assorti de nombreuses questions. Ces nouvelles interrogations ne concernent plus le fonctionnement de la science, mais plutôt la meilleure façon dont les experts peuvent l'exploiter. Les questions de morale et d'éthique qui se posent sont plus difficiles à résoudre que la structure de l'ADN en tant que telle.

CI-DESSOUS : *James Watson et Francis Crick – les jeunes scientifiques qui ont décodé la structure de l'ADN – photographiés ici en 1953 avec leur maquette de la « molécule de la vie ».*

CHAPITRE UN

« Personne ne pourra jamais décrire une fois pour toutes les faits entourant la définition de la structure de l'ADN. Malgré tout, je crois qu'on devrait en parler. » JAMES D. WATSON, 1967

L'ADN – Source de vie

CI-DESSUS : *Les traits familiaux communs, comme la couleur des cheveux, des yeux, ou la forme du nez, dépendent de l'ADN, cette molécule qui transmet les « caractéristiques héréditaires » d'une génération à l'autre.*

CI-DESSOUS : *Ces cellules (grossies 3 200 fois) proviennent d'un pancréas humain. On peut reconnaître l'ADN qui apparaît en rose dans chacune des cellules. Les filaments verts et bleus sont des protéines.*

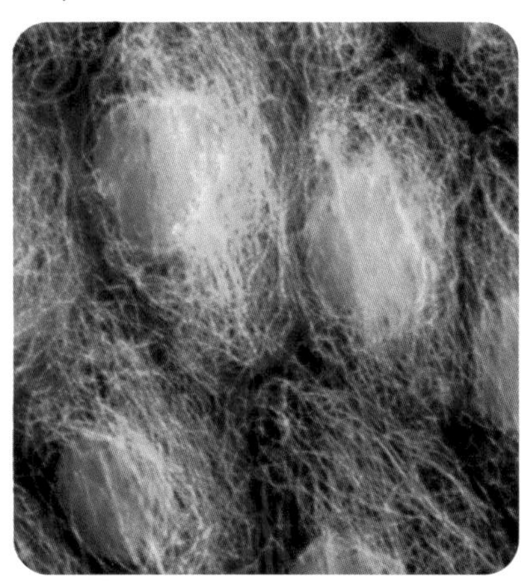

Pendant plusieurs années, les scientifiques ont tenté presque en vain de percer le mystère de l'hérédité chez les plantes, les animaux et les humains. La découverte de l'ADN constitua donc une avancée importante dans le domaine de la biologie. Nous comprenons maintenant pourquoi chacun de nous est unique et comment nos enfants reçoivent certaines de nos caractéristiques et non d'autres. Mais en quoi consiste exactement l'ADN ? Et comment fonctionne-t-il ?

QU'EST-CE QUE L'ADN ?

Les êtres vivants sont constitués de cellules et chacune d'elles (sauf les globules rouges matures) renferme de l'ADN (acide désoxyribonucléique). L'ADN est la seule molécule qu'on retrouve dans les êtres vivants et qui se reproduit d'elle-même. Ce phénomène est important, puisqu'en se divisant, les nouvelles cellules doivent posséder leur propre ADN pour croître et se diviser à leur tour.

L'ADN, qui entoure le noyau de la cellule, est observable à l'aide d'un puissant microscope électronique. Il est disposé en longs filaments qu'on appelle chromosomes. La plupart des cellules humaines possèdent 46 chromosomes chacune. Bien que chaque filament soit minuscule, il mesurerait environ 150 cm si on pouvait déchiffrer tout l'ADN d'une cellule donnée.

L'ADN renferme les « instructions » nécessaires à la fabrication et au fonctionnement des cellules, de sorte qu'il contrôle toutes les réactions chimiques qui se produisent chez un être vivant. Ces instructions constituent les gènes, soit les codes servant à fabriquer les protéines, qui sont des éléments essentiels des cellules. Les protéines permettent à une cellule de fabriquer les substances chimiques afin qu'elle puisse remplir ses fonctions. Les gènes se comparent ainsi à des recettes servant à préparer divers types de protéines. La génétique concerne l'étude des gènes et la façon dont ces recettes sont transmises de génération en génération.

QU'AVONS-NOUS APPRIS DE LA GÉNÉTIQUE ?

La génétique permet d'examiner les ressemblances et les différences entre les êtres vivants. Les humains et les chimpanzés sont différents, mais l'étude de l'ADN nous a appris que les deux espèces sont extrêmement semblables, car leurs codes génétiques sont identiques à 98,5 %. Les membres d'une même famille ont souvent des points communs, mais ils sont différents.

À RETENIR !

QUELQUES PROTÉINES IMPORTANTES

★ HÉMOGLOBINE : Protéine contenue dans le sang qui transporte l'oxygène.

★ COLLAGÈNE : Protéine fibreuse servant au soutien des structures comme le squelette et la peau.

★ MÉLANINE : Protéine de la peau humaine et animale qui en détermine la couleur.

★ ENZYMES : Protéines qu'on retrouve dans tous les êtres vivants et qui suscite des réactions chimiques. Les enzymes sont essentiels à la vie.

★ ANTICORPS : Protéines qui protègent l'organisme contre les bactéries et les virus.

À GAUCHE : *À certains égards, les chimpanzés sont peut-être très différents des êtres humains, mais leur ADN présente moins de 2 % de différences. Plusieurs scientifiques en déduisent que les êtres humains constituent une forme évoluée du singe.*

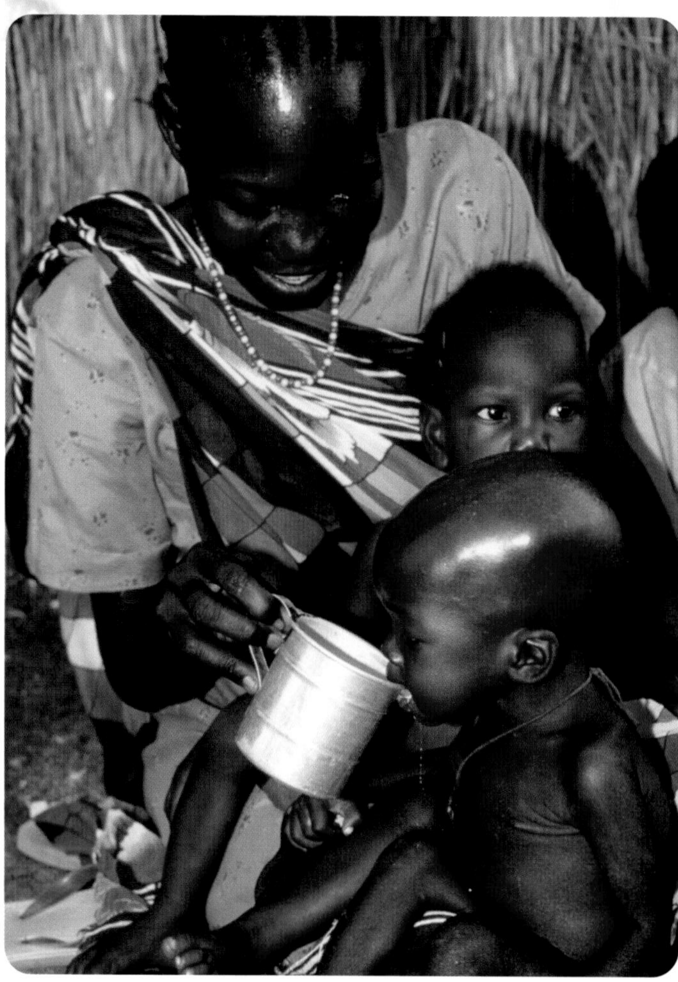

***À DROITE :** Les « variations acquises » découlent de l'environnement plutôt que de l'hérédité. On croit donc que les enfants vivant dans certaines régions des pays en développement sont plus petits ou plus sensibles aux maladies en raison de leur environnement et non pas d'un trait de l'hérédité.*

Ces différences peuvent être attribuables à l'environnement : un individu peut être particulièrement grand et fort grâce au régime alimentaire nutritif dont il a bénéficié pendant l'enfance, alors que la croissance d'un enfant mal nourri sera ralentie. On dit de ces variations qu'elles sont « acquises » ou « environnementales ». Quant aux variations « héréditaires », elles résultent des gènes que l'individu a hérités de ses parents.

Certaines variations héréditaires, comme la couleur des cheveux ou des yeux, sont évidentes. D'autres, tel le groupe sanguin ou l'état génétique, comme l'anémie falciforme, ne le sont pas. Les analyses sanguines permettent d'identifier ces variations. Nous possédons tous un code génétique qui nous est propre et qui nous rend différents des autres. Cependant, l'environnement peut influencer la façon dont ce code agit dans nos vies. L'étude de l'ADN et de son fonctionnement peut aider les scientifiques à contrôler et à modifier certains de nos traits héréditaires.

Au cours des millénaires, les agriculteurs ont cultivé des plantes et élevé des animaux dotés de certaines caractéristiques utiles. À l'origine, le blé avait de longues tiges et peu de grains. On a fait pousser des plants munis de tiges plus courtes ou ayant plus de grains que d'autres pour ensuite transmettre ces variations héréditaires de génération en génération. Les variétés modernes de blé ont des tiges courtes et trapues résistant mieux aux intempéries et plus productives, donc plus rentables pour le cultivateur.

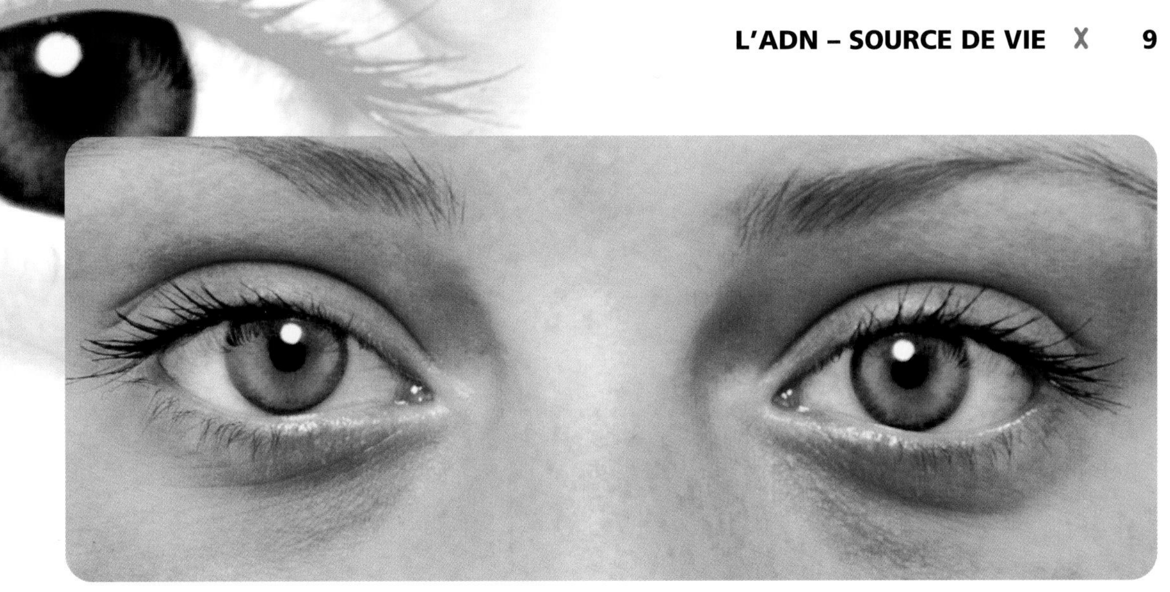

Lorsque les premiers agriculteurs pratiquèrent la reproduction sélective, ils ignoraient la façon dont les caractéristiques passaient du parent à sa progéniture. La découverte de l'ADN leur a permis de comprendre le mécanisme des variations héréditaires. Cependant, le chemin qui a mené à cette découverte a été semé d'embûches.

CI-DESSUS : *Les gènes hérités des deux parents définissent la couleur des yeux chez la fille, le gène dominant étant déterminant. Le garçon reçoit de la mère le gène qui détermine la couleur de ses yeux.*

À RETENIR !

LES RACES DE CHIENS

La reproduction sélective, parfois appelée « reproduction artificielle », n'est pas utilisée que pour la production alimentaire. Les éleveurs de chiens choisissent des caractéristiques particulières qu'ils souhaitent favoriser chez leurs animaux, telles des oreilles molles, certaines colorations, ou même les races vivant plus longtemps. Puis ils accouplent des chiens possédant ces caractéristiques dans l'espoir de donner naissance au chiot « parfait » qu'ils pourront vendre ou exposer lors des concours.

À DROITE : *La reproduction sélective permet de créer des plantes, des cultures et même des animaux qui présentent certaines caractéristiques visant à les rendre « meilleurs ». Ce doberman pinscher résulte de l'accouplement de plusieurs races.*

CHAPITRE DEUX

« L'idée me vint tout à coup que dans ces circonstances, les variations favorables auraient tendance à être préservées, et les variations défavorables, à être détruites. Il en résulterait la formation de nouvelles espèces. » **CHARLES DARWIN, 1887**

Les premiers travaux en génétique

CI-DESSUS : *On retrouve 46 chromosomes dans le noyau de presque toutes les cellules du corps humain. On peut voir ici les chromosomes X et Y qui déterminent le sexe d'un individu.*

CI-DESSOUS : *Carl von Linné a conçu un système afin de classifier les plantes selon le nombre de leurs organes mâles et femelles. On explique ce système dans la préface de cet ouvrage de 1792 consacré aux sciences et à la nature.*

PREFACE. v

The five fubfequent Claffes are diftinguifhed not by the number of the males, or ftamens, but by their union or adhefion, either by their anthers, or filaments, or to the female or piftil.

XVI. ONE BROTHERHOOD, *Monadelphia.* Many Stamens united by their filaments into one company; as in the fecond Figure below of No. xvi.

XVII. TWO BROTHERHOODS, *Diadelphia.* Many Stamens united by their filaments into two Companies; as in the uppermoft Fig. No. xvii.

XVIII. MANY BROTHERHOODS, *Polyadelphia.* Many Stamens united by their filaments into three or more companies, as in No. xviii.

XIX. CONFEDERATE MALES, *Syngenefia.* Many Stamens united by their anthers; as in firft and fecond Figures, No. xix.

XX. FEMININE MALES, *Gynandria.* Many Stamens attached to the piftil.

Au cours du XVIIIe siècle naquit en Europe un mouvement intellectuel, appelé les *Lumières*, qui exposa de nouvelles idées sur Dieu, l'homme, la raison et la nature, entraînant une révolution artistique et scientifique. On se mit à vérifier les idées par la raison et la déduction, et on entreprit une quête du savoir qui se poursuit encore. Certains scientifiques remirent en question les écrits de la Bible concernant la création des animaux et des plantes et on commença à étudier la nature et l'origine des différentes formes de vie.

CLASSIFICATION ET CARACTÉRISTIQUES DE L'ÉVOLUTION

Carl von Linné (1707-1778) était un botaniste suédois. En 1735, il publia son ouvrage intitulé *Systema Naturae* (Système de la nature) dans lequel il regroupa les animaux et les plantes en fonction du genre et de l'espèce. Les créatures félines, par exemple, appartenaient à un même groupe. On qualifie ce processus de « taxinomie ». Linné ne croyait pas dans l'évolution ou l'extinction, car si les êtres vivants évoluent ou meurent, cela signifierait que la création de Dieu est imparfaite. Son système de classification a cependant jeté les bases de la science évolutive, puisque les organismes pourraient présenter certaines caractéristiques semblables s'ils sont liés sur le plan génétique.

À la fin du XVIIIe siècle, il devint évident pour les scientifiques que les animaux et les plantes pouvaient évoluer et se développer avec le temps. Un botaniste français du nom de Jean-Baptiste Lamarck (1744-1829) proposa alors la première théorie détaillée d'un tel phénomène.

Selon cette théorie, nommée « hérédité des caractères acquis », les organes du corps pouvaient se développer avec l'usage ou s'atrophier si on cessait de les utiliser. Ces changements passaient ensuite d'un animal à son descendant. L'exemple le plus célèbre de Lamarck concerne la girafe. Il croyait qu'à l'origine, la girafe pouvait être de taille et de forme comparables à celles des antilopes. Lorsque la nourriture se raréfia, les ancêtres de la girafe durent s'étirer le cou pour atteindre les plus hautes feuilles des arbres. Cet étirement constant eut pour effet d'allonger leur cou, caractéristique dont ont été dotées les générations ultérieures.

Même si les scientifiques réfutent généralement la théorie d'adaptation – ou de l'évolution – de Lamarck, il fut un des premiers à accepter que de tels changements puissent survenir et à suggérer une façon dont ils auraient pu se produire.

LA SURVIE DES PLUS APTES

Le 27 décembre 1831, le *HMS Beagle* partit de l'Angleterre pour un voyage de cinq ans autour du monde avec, à titre de médecin à son bord, un naturaliste anglais peu connu à l'époque, mais reconnu maintenant comme un des plus grands scientifiques de tous les temps. Charles Darwin (1809-1882).

En Amérique du Sud, Darwin découvrit de nombreux fossiles et constata à quel point les formes de vie semblaient avoir évolué ou disparu avec le temps. Lorsqu'il foula les îles des Galápagos, à 800 km au large des côtes équatoriennes dans l'océan Pacifique, il rencontra plusieurs animaux différents et uniques qui ont inspiré sa théorie de l'évolution des espèces.

À RETENIR !

CLASSIFICATION BINOMIALE

Le système élaboré par Linné pour classer tous les êtres vivants consistait, entre autres, à leur attribuer des noms latins pour permettre aux scientifiques de partout d'utiliser une même désignation. Chaque nom a une forme binomiale (comportant deux éléments) : **Pantera leo** désigne le lion. Le terme **Pantera** rattache l'animal au genre des gros félins, alors que le mot **leo** définit l'espèce

CI-DESSUS : *Le lion appartient au genre des gros félins – tel que l'indique la première partie de son nom latin,* Pantera. *Jaguars, léopards et tigres font partie du même genre.*

CI-DESSUS : *Croquis réalisés par Darwin des roselins qu'il observa sur les îles Galápagos. Darwin suggéra que les êtres vivants évoluaient afin de s'adapter aux aliments que recelaient leurs habitats. Les roselins au gros et long bec (1 et 2) se nourrissaient de graines, alors que ceux dont le bec était plus court mais plus effilé (3 et 4) mangeaient des insectes.*

Darwin découvrit 13 espèces de roselins vivant sur ces centaines d'îles. Même si ces espèces d'oiseaux se ressemblaient étonnamment, il remarqua entre elles des différences minimes leur permettant de s'adapter idéalement à leur habitat ou aux aliments qu'elles y trouvaient. Ces oiseaux existaient uniquement sur les îles Galápagos. Darwin se demanda alors si ces roselins descendaient tous d'un même couple et s'ils s'étaient lentement adaptés et avaient évolué en fonction des divers habitats présents sur ces îles.

Plusieurs années après son retour en Angleterre, il analysait encore l'information recueillie au cours de son périple et le sens qu'elle pouvait avoir. Il lut alors un ouvrage intitulé *Essai sur le principe de population* dans lequel l'auteur, Thomas Malthus (1766-1834), prétendait que les populations d'animaux ou d'humains peuvent devenir trop nombreuses compte tenu des disponibilités alimentaires, les forçant à lutter pour leur survie. Ainsi, les plus forts continuent de vivre, alors que les plus faibles périssent.

Darwin eut donc une idée : et s'il en était de même pour l'évolution ? Si les animaux se disputent les sources d'aliments ou les habitats, les plus forts pourraient s'accoupler et transmettre ces caractéristiques intéressantes à leurs petits. Cette « sélection naturelle » du plus fort expliquerait la « survie des plus aptes », les plus aptes étant « les mieux adaptés à l'environnement » et non pas, comme certains allaient l'interpréter plus tard, « les plus forts ou les meilleurs ».

Même si Darwin pouvait expliquer le rôle de ces variations et de ces caractéristiques héréditaires dans sa théorie de l'évolution, il ne pouvait décrire précisément la façon dont elles se transmettaient de génération en génération. Ce fut Gregor Mendel (1822-1884), un autre scientifique, qui franchit la prochaine étape importante.

À RETENIR !

L'INSPIRATION DE DARWIN

À bord du **HMS Beagle**, Charles Darwin emporta le premier tome de l'ouvrage de Charles Lyell (1797-1875) intitulé **Les principes de géologie**. Lyell y suggérait que l'âge de la Terre s'élevait à 240 millions d'années. D'après les histoires biblique, les gens de l'époque croyaient qu'elle avait à peine 6 000 ans. Cela fit toute une différence lorsqu'on constata le temps qu'avaient pris les êtres vivants pour évoluer. Cette notion vint confirmer la théorie que Darwin élabora d'après les preuves qu'il recueillit sur le terrain, dans les roches et les fossiles.

À DROITE : Ces ammonites sont des fossiles d'animaux marins disparus qui ont vécu il y a de 65 à 380 millions d'années. La découverte de fossiles comme ceux-ci prouva que la Terre existait depuis bien plus longtemps que le croyaient les contemporains de Darwin.

DES GENS MARQUANTS

Alfred Russel Wallace (1823–1913) était, à l'instar de Darwin, un naturaliste anglais. En 1858, il fit parvenir à Darwin un exemplaire d'une thèse qu'il avait rédigée. Cette thèse concernait une théorie de l'évolution étonnamment comparable à celle qu'avait formulée Darwin et largement influencée par Lyell. Ce fut Wallace qui inventa l'expression « survie des plus aptes ». Les deux hommes ont présenté conjointement leurs idées sur la sélection naturelle à la Linnean Society. Même s'ils en sont venus séparément à des conclusions semblables, c'est à Darwin qu'on associera à jamais la théorie de l'évolution.

DES BRINS D'HÉRÉDITÉ

Les mystères de l'hérédité ont fasciné de nombreux scientifiques au milieu du XIXe siècle. Gregor Mendel était un moine autrichien qui entreprit en 1856 une série d'expériences dans le jardin de son monastère. Mendel savait que les petits pois de son jardin présentaient divers traits d'hérédité, comme la couleur et la forme des graines, ainsi que la hauteur. Il souhaitait étudier la façon dont ces caractéristiques passaient d'une génération à l'autre.

Mendel recueillit le pollen de plants de pois parmi les plus grands et l'utilisa pour fertiliser des plants plus courts qui ont alors produit des graines. Lorsque Mendel planta ces graines, il aurait pu s'attendre à ce que les nouveaux plants présentent les caractéristiques des deux plants d'origine en étant de hauteur moyenne ou en se partageant en petits et grands. En fait, tous les

À DROITE : Gregor Mendel, moine et botaniste, réalisa des expériences de fécondation avec des plants de pois et constata que des « lois héréditaires » régissaient certaines caractéristiques des rejetons.

À RETENIR !

DÉFINITIONS

★ PARTICULES DOMINANTES : Particules héréditaires qui déterminent une caractéristique, même si le descendant ne présente qu'une seule de ces particules.

★ HYBRIDE : Animal ou végétal résultant de la fécondation croisée de deux variétés d'une même espèce.

★ POLLINISATION : Transfert de pollen d'une plante à une autre.

★ PARTICULES RÉCESSIVES : Particules héréditaires qui ne se manifestent que si la version dominante n'est pas présente.

★ AUTOPOLLINISATION : Fertilisation d'une plante à partir de son propre pollen.

★ CELLULES REPRODUCTRICES : Cellules du pollen (appelées gamètes) permettent la fécondation des plantes et présentant la moitié moins de chromosomes.

plants hybrides étaient grands. Il prit chacun de ces hybrides, les reproduisit par autogamie (autofécondation) et planta les graines provenant de ces plants. Il constata que les trois quarts des plants étaient grands et que seul le quart était court, soit un rapport de 3:1.

Chaque fois qu'il répétait ses expériences, Mendel obtenait les mêmes résultats : les descendants de la première génération présentaient tous des caractéristiques, une hauteur, un type de graines et une couleur de fleur identiques. Cependant, à la suite de l'autopollinisation de la première génération, les descendants de la deuxième génération présentaient des caractéristiques mixtes, mais aucun mélange (les plants n'étaient pas de hauteur moyenne, par exemple).

Mendel croyait que les « particules héréditaires » passaient des parents au descendant. Selon lui, chaque parent léguait une particule à son rejeton, mais certains facteurs, telle la hauteur, dominaient par rapport à d'autres. Tant que le plant était doté d'un « facteur de grandeur », il serait grand. Mendel qualifia les facteurs « plus faibles » de « récessifs » et déclara qu'il fallait deux de ces facteurs pour que la caractéristique existe chez le rejeton. Ainsi, un plant devait présenter deux « facteurs courts » pour être court.

On ignora en grande partie les travaux de Mendel. Ce n'est que lorsqu'on redécouvrit son œuvre en 1900, soit

16 ans après sa mort, qu'on reconnut son extraordinaire contribution à la science. Ces particules héréditaires équivalaient à ce qu'on appelle maintenant les gènes, ce qui fait de Mendel le père de la génétique.

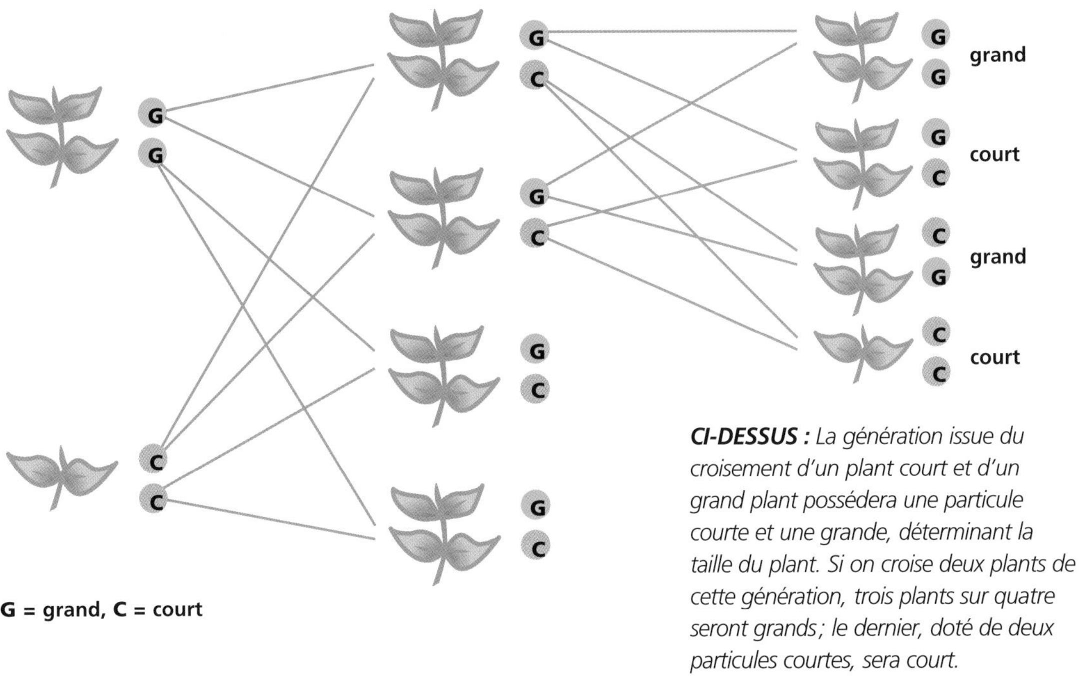

CI-DESSUS : La génération issue du croisement d'un plant court et d'un grand plant possédera une particule courte et une grande, déterminant la taille du plant. Si on croise deux plants de cette génération, trois plants sur quatre seront grands; le dernier, doté de deux particules courtes, sera court.

QUE SE PASSE-T-IL À L'INTÉRIEUR D'UNE CELLULE ?

Au moment où Darwin et Mendel élaboraient leurs théories de l'hérédité, on en connaissait relativement peu sur les cellules, la pierre angulaire de tous les organismes vivants. En 1831, un botaniste écossais du nom de Robert Brown (1773-1858) avait identifié et baptisé le noyau d'une cellule, mais il fallut encore dix ans avant qu'on ne puisse observer au microscope la division d'une cellule et décrire ce processus.

À la fin du XIXe siècle, les microscopes étaient assez puissants pour révéler des formes minuscules apparaissant dans le noyau d'une cellule avant qu'elle ne se divise. Pour identifier ces formes intrigantes, le biologiste allemand Walther Flemming (1843-1905) ajouta des teintures artificielles à ses échantillons de cellules et constata que les particules de matière dans les noyaux absorbaient plutôt bien la teinture. Il nomma cette matière « chromatine », mot dérivé du grec et signifiant

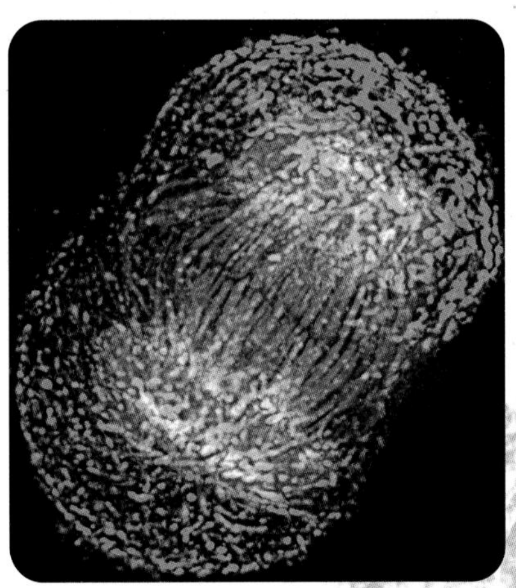

CI-DESSUS : À la fin du XIXe siècle, des microscopes plus puissants permettaient aux scientifiques de mieux comprendre le fonctionnement des cellules et leur mode de division. Cette cellule se divise selon un processus appelé « mitose » *(voir p. 17).*

« couleur ». Lorsque la cellule se divisait, la chromatine produisait des brins ou des fils auxquels on donna plus tard le nom de « chromosomes ».

Dans les années 1880, on franchit deux autres étapes importantes vers la découverte de l'ADN. Les scientifiques apprirent que chacune des cellules d'un organisme possédait le même nombre de chromosomes et que celui-ci est identique chez tous les membres d'une espèce donnée. Les humains, par exemple, en ont 46. Quant aux chimpanzés et aux pommes de terre, ils en possèdent 48. August Weismann (1834-1914), biologiste allemand, imagina alors que les chromosomes transmettaient l'information responsable des caractéristiques héréditaires. Il comprit que si chaque cellule sexuelle, comme le sperme et les ovules chez les humains, possédait un nombre normal de chromosomes (46), la fertilisation devrait faire en sorte que le descendant en ait le double, soit 92. Mais il suggéra plutôt que les cellules sexuelles avaient la moitié de la quantité normale, ce qu'on prouva ultérieurement : ce sont en effet les seules cellules du corps humain qui contiennent 23 chromosomes chacune. Lorsqu'un spermatozoïde fertilise un ovule, le nombre combiné de chromosomes atteint 46, soit le nombre propre aux humains.

DES RECHERCHES PLUS POUSSÉES SUR LES GÈNES

En 1900, le botaniste néerlandais Hugo de Vries (1848-1935) étudiait la théorie de l'hérédité de Darwin lorsqu'il constata une faille : la sélection naturelle à elle seule ne permet pas d'expliquer convenablement les variations entre les individus. Selon lui, chaque caractéristique était transmise par un élément distinct appelé « pangène ». Avant de publier sa théorie, il découvrit cependant que Gregor Mendel, qui s'était attardé sur le même problème 35 ans plus tôt, avait déjà identifié ces unités discrètes d'hérédité.

De Vries vérifia les constatations de Mendel et, ce faisant, poussa plus loin la recherche. En pollinisant des onagres (fleurs), il découvrit que, de temps à autre, une nouvelle couleur de fleur résultait de la sélection généalogique et que cette couleur était léguée aux générations suivantes. Il qualifia ces changements aléatoires de « mutations ». De Vries contribua ainsi à diffuser les travaux de Mendel et la génétique connut alors un essor formidable.

DES GENS MARQUANTS

Johann Friedrich Miescher (1844-1895) était un biochimiste suisse qui employa les microscopes les plus perfectionnés pour étudier le noyau des cellules. Il découvrit que chaque noyau renfermait une substance inconnue qu'il appela « acide nucléique ». Ayant noté la présence de protéines près des acides nucléiques, il se demanda s'il existait un rapport entre l'hérédité et les protéines ou les acides. Ses contemporains croyaient que les protéines étaient plus susceptibles de remplir ce rôle. L'acide nucléique que Miescher identifia était en réalité l'ADN, mais ce n'est que plusieurs années plus tard qu'on réalisa l'importance de cette découverte.

À RETENIR !

LA MITOSE ET LA MÉIOSE

La mitose est la division des cellules de notre corps. Les fils de chromatine se reproduisent et forment des chromosomes. La membrane du noyau se brise et des « fuseaux » apparaissent à l'intérieur de la cellule, séparant les chromosomes en deux groupes « filles ». Une fois la membrane des noyaux reformée, on obtient deux nouvelles cellules aux propriétés génétiques identiques.
La méiose désigne la façon dont l'ADN se reproduit pour donner les cellules sexuelles. Au stade final de la division, chaque cellule fille renferme la moitié du nombre total de chromosomes de l'organisme.

MITOSE

Les cellules du corps humain se reproduisent par un processus appelé mitose.

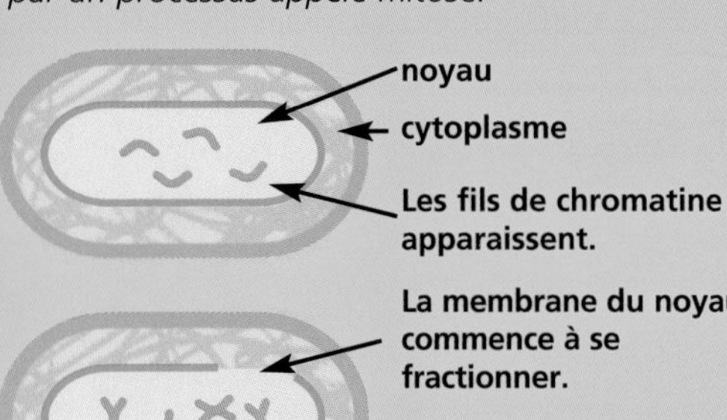

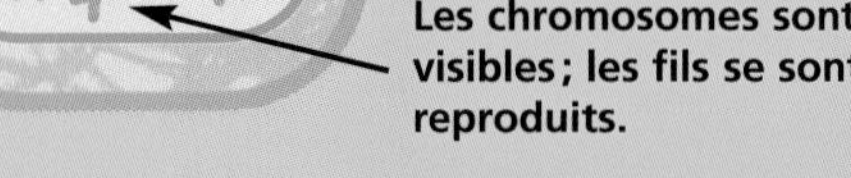

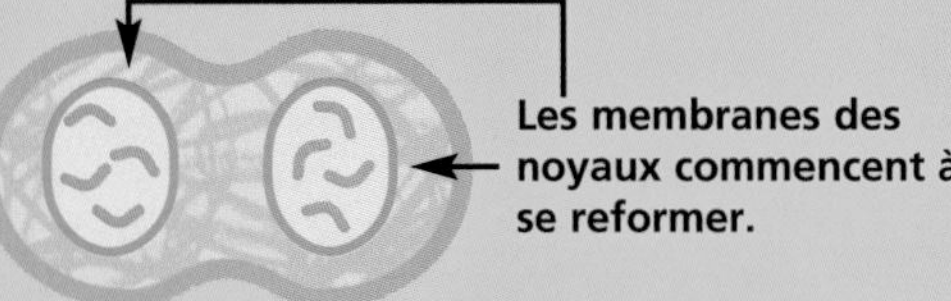

MÉIOSE

L'ADN se reproduit afin de donner des cellules sexuelles par un processus appelé « méiose ».

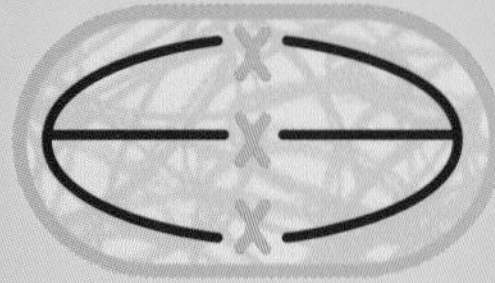

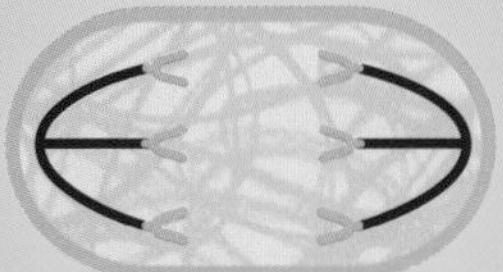

CI-DESSUS : *Au début du XXe siècle, les scientifiques réalisèrent que les lois de l'hérédité de Mendel n'étaient pas aussi simples qu'ils croyaient. Certaines plantes, comme l'onagre, subissaient parfois une mutation et produisaient une fleur de couleur différente, même si les plants d'origine étaient du même type.*

CI-DESSOUS : *La recherche génétique utilise la mouche du vinaigre, ou* Drosophila melanogaster, *depuis le début du XXe siècle, car elle se reproduit si rapidement qu'on peut voir les résultats des expériences sans devoir attendre très longtemps avant la naissance du rejeton.*

Mais la transmission des caractéristiques n'est pas toujours simple. Le biologiste anglais William Bateson (1861-1926) découvrit que la transmission de deux gènes est parfois étroitement liée. En reproduisant des pois sucrés, il remarqua que les fleurs mauves résultaient du pollen long, alors que le pollen rond donnait des fleurs rouges. Ainsi, il existait un lien entre la couleur de la fleur et le type de pollen.

« Un tel terme s'impose et si nous devions en inventer un, le mot "génétique" pourrait faire l'affaire. » **WILLIAM BATESON, 1905**

CHROMOSOMES : LE MOYEN DE TRANSMISSION DES GÈNES

Au début du XXe siècle, les scientifiques avaient réalisé que les chromosomes pouvaient appartenir à la cellule portant l'information génétique. Ils entreprirent alors leur recherche des « pangènes », ces unités responsables de l'hérédité. Thomas Hunt Morgan (1866-1945), un généticien américain, arrêta son choix sur la mouche du vinaigre, ou *Drosophila melanogaster*, en raison de sa rapidité de reproduction.

Compte tenu de la mutation, plusieurs différences héréditaires apparurent chez la *Drosophila*. Morgan découvrit que la plupart des mutations survenaient comme Mendel l'avait prédit : les unes étaient dominantes et les autres, récessives. Cependant, certaines caractéristiques, comme la couleur des yeux, dépendaient de la cellule sexuelle que chaque parent avait léguée à son descendant. Morgan savait que les chromosomes sexuels diffèrent légèrement chez l'homme et la femme. Les femmes possèdent deux chromosomes X, alors que les hommes ont un chromosome X et un chromosome Y. Il put finalement prouver que le gène déterminant la couleur des yeux appartenait au chromosome X. En 1933, Morgan se vit remettre le prix Nobel pour sa grande contribution à la génétique.

À RETENIR !

LES CHROMOSOMES X ET Y

Chaque cellule humaine possède 23 paires de chromosomes. Une de ces paires compte deux chromosomes sexuels, alors que les 22 autres sont des autosomes (chromosomes autres que sexuels). Il existe deux types de chromosomes sexuels, soit X et Y. On les a qualifiés ainsi, car le chromosome Y ressemble au chromosome X, mais avec un petit bout de chromatine en moins. Le chromosome Y transporte le gène qui détermine le sexe mâle. Les femmes ont ainsi deux chromosomes X (XX), tandis que les hommes ont un chromosome X et un chromosome Y (XY).

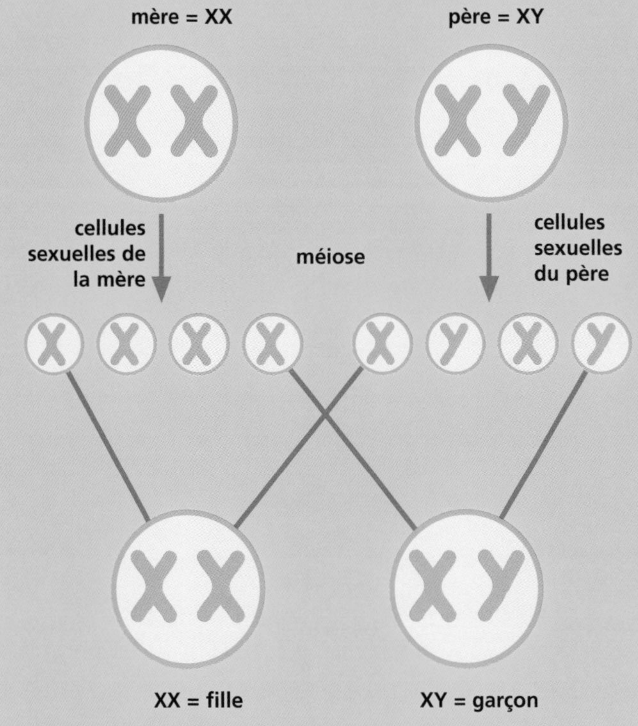

À GAUCHE : Le sexe d'un individu dépend des chromosomes transmis par ses parents. Un chromosome X hérité de la mère et du père donnera naissance à une fille, alors qu'un chromosome X obtenu de la mère combiné au chromosome Y du père produira un garçon.

DES GENS MARQUANTS

Archibald Garrod (1857-1936). Ce médecin anglais du début du XXe siècle étudia quatre maladies héréditaires dues à une déficience de certains enzymes (protéines causant les réactions chimiques à l'intérieur du corps). Il les appela « maladies enzymatiques » et émit une hypothèse selon laquelle chaque gène produit un enzyme. Selon lui, une mutation génétique pouvait empêcher un enzyme de se reproduire, entraînant ainsi une maladie héréditaire. On prouva plus tard qu'il avait raison.

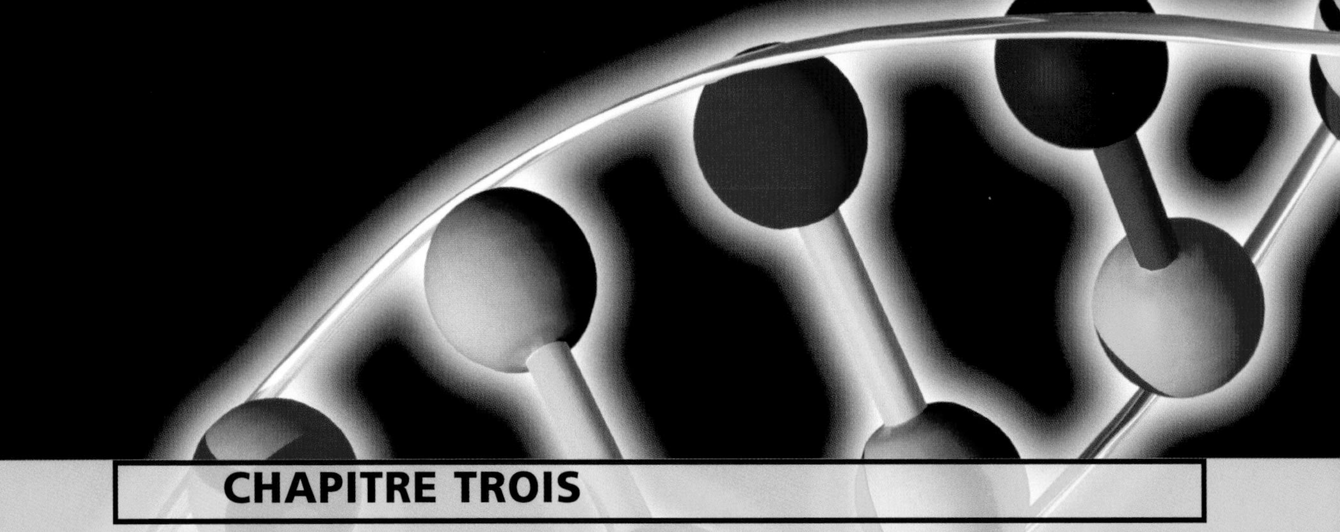

CHAPITRE TROIS

« Nous voulons suggérer une structure pour le sel de l'acide désoxyribonucléique (ADN). Cette structure présente de nouvelles caractéristiques qui suscitent un intérêt biologique considérable. »

WATSON ET CRICK, ARTICLE PUBLIÉ DANS LA REVUE SCIENTIFIQUE *NATURE*, 1953

L'ADN mis à nu

CI-DESSUS : *Les bases de l'ADN sont réunies par paires. La guanine (orangé) est réunie à la cytosine (vert), alors que l'adénine (bleu) correspond à la thymine (rouge). L'ordre de ces paires forme le « code » génétique.*

CI-DESSOUS : *Phoebus Levene identifia le premier l'acide ribonucléique, cette importante molécule qui constitue le noyau des cellules.*

Au début du XXe siècle, les scientifiques savaient que les chromosomes portaient les gènes qui transmettaient à leur tour les caractéristiques au descendant. Cependant, personne ne connaissait encore la façon dont les gènes s'acquittaient de ce rôle. La découverte de l'ADN est venue tout chambarder. En 1955, les travaux de quatre scientifiques anglais ont permis de définir avec précision la structure de l'ADN.

ACIDES NUCLÉIQUES : ADN ET ARN

Déjà dans les années 1870, Johann Friedrich Miescher avait découvert les acides nucléiques dans les noyaux des cellules. Trente ans plus tard, Phoebus Levene (1869-1940), un scientifique d'origine russe, travaillant aux États-Unis, découvrit qu'un des acides nucléiques renfermait un type de sucre nommé « ribose ». Il appela la molécule « acide ribonucléique » ou ARN. Il isola également les nucléotides, ces structures en chaîne qui constituent la base des molécules de l'acide nucléique. Vingt ans plus tard, Levene identifia la structure d'un deuxième acide nucléique, soit l'acide désoxyribonucléique (ADN), qui renferme du sucre ou désoxyribose.

Levene démontra que l'ADN constitue une chaîne de millions de nucléotides reliés entre eux et que chaque nucléotide se compose de désoxyribose (un sucre), d'un groupement phosphate et d'une des quatre bases azotées : l'adénine (A), la guanine (G), la cytosine (C) et la thymine (T) – qui se répètent à l'infini. Levene soupçonna l'ADN de jouer un rôle dans la transmission de l'information héréditaire, mais cette idée ne fit guère d'adeptes à l'époque.

En 1944, les hypothèses de Levene s'avérèrent. Le bactériologiste canadien Oswald Avery (1877-1955) réussit à transférer l'information génétique de bactéries mortes à des bactéries vivantes. Il réalisa que l'ADN avait transmis cette information.

Même si l'ADN était considéré comme la molécule de la vie, personne ne comprenait vraiment la façon dont les gènes se reproduisaient et transmettaient l'information. En 1950, Edwin Chargaff (1905-2002) et son équipe firent appel à la chromatographie pour démontrer que les quatre bases de nucléotides se présentaient dans des rapports très précis : les groupes d'adénine et de thymine sont toujours en nombres identiques, de même que les groupes de guanine et de cytosine. Il s'agit là de la « règle de Chargaff » dont l'importance devint évidente il y a quelques années à peine.

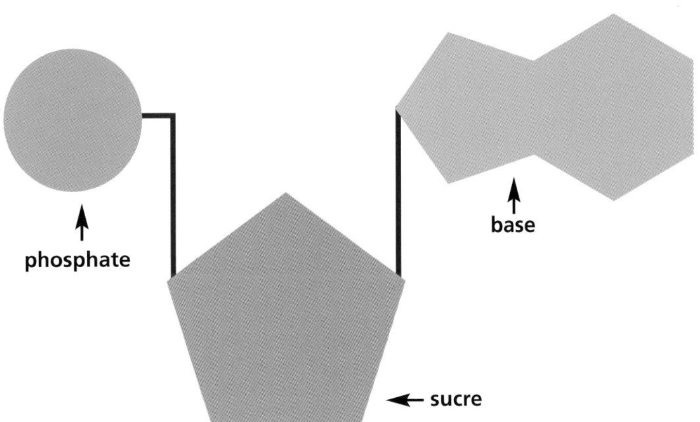

À GAUCHE : *Les nucléotides constituent les « liens » dans la chaîne d'ADN. Chacun d'eux comprend un phosphate, un sucre et une des quatre bases, soit A, G, C ou T. Des millions de nucléotides sont reliés entre eux afin de former l'ADN.*

« Certains scientifiques pensaient que la preuve sur laquelle reposait l'ADN n'était pas concluante et préféraient croire que les gènes étaient des molécules de protéine… Contrairement à la croyance populaire, un grand nombre de scientifiques sont non seulement étroits d'esprit et insignifiants, mais aussi tout simplement stupides. » **JAMES D. WATSON, 1967**

LA STRUCTURE DE L'ADN MISE À NU

À la fin des années 1940 et au début des années 1950, les laboratoires regorgeaient de scientifiques de tous les pays s'efforçant de découvrir la structure de l'ADN. En Angleterre, Maurice Wilkins (né en 1916) et sa collègue Rosalind Franklin (1920-1958) réussirent à radiographier des cristaux d'ADN.

ARRIÈRE-PLAN : *James Watson (à droite) et Francis Crick (à gauche), photographiés au Cavendish Laboratory à Cambridge en 1953.*

ENCART : *Radiographie de cristaux d'ADN produite par Rosalind Franklin en 1953. Les rayons X rebondissent sur les atomes à l'intérieur de la molécule d'ADN, laissant une trace de leur passage sur le papier photographique.*

Au Cavendish Laboratory de l'université de cambridge en Angleterre, l'Américain James Watson (né en 1928) et l'Anglais Francis Crick (1916-2004) ont joint leurs efforts à ceux de Wilkins. Même si les deux scientifiques étaient occupés à d'autres travaux de recherche, ils étaient fascinés par ce côté mystérieux de l'ADN et décidèrent de collaborer afin de le démystifier.

Rosalind Franklin avait obtenu les meilleures images de l'ADN à cette époque, mais elle savait que les autres scientifiques espéraient profiter du fruit de ses recherches

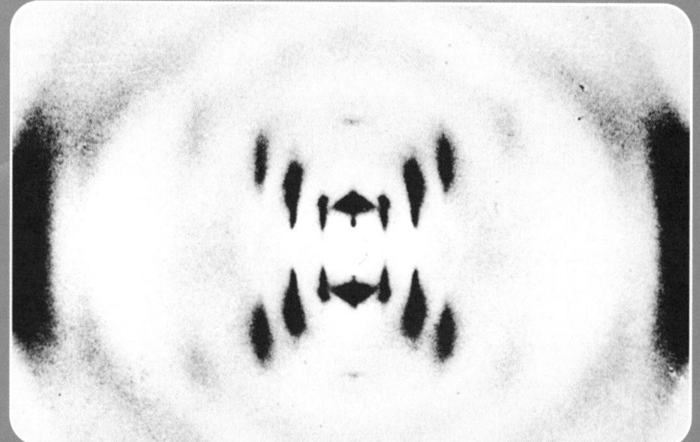

afin d'élaborer leurs propres théories au sujet de la structure de l'ADN. Elle refusa de partager ses résultats, de crainte qu'on ne lui accorde pas le crédit mérité pour ses travaux. C'est exactement ce qui se produisit. En janvier 1953, Wilkins présenta à Watson et Crick les images qu'il avait réalisées en compagnie de Franklin. Ils constatèrent sur-le-champ qu'une seule structure moléculaire pouvait expliquer ces images, soit l'hélice (ressemblant à un boudin étiré).

Ils entreprirent alors de fabriquer un modèle représentant la structure de l'ADN. Ils commencèrent par utiliser des bouts de carton afin de déterminer la façon d'assembler les bases. Ils créèrent ainsi une structure en hélice double ressemblant à une échelle tordue. Les deux montants de l'échelle étaient constitués

À RETENIR !

TYPES DE MOLÉCULES

★ **DÉSOXYRIBOSE :** Molécule de sucre qui fait partie de l'ADN.

★ **BASES AZOTÉES :** L'adénine (A), la guanine (G), la cytosine (C) et la thymine (T) sont quatre types de molécules contenant de l'azote et qu'on retrouve dans l'ADN.

★ **GROUPEMENT PHOSPHATE :** Molécule contenant du phosphate présente dans le « squelette » de la molécule d'ADN.

★ **RIBOSE :** Molécule de sucre qu'on retrouve dans l'ARN.

des blocs de sucre-phosphate et les barreaux se composaient des bases azotées regroupées deux par deux, soit l'adénine avec la thymine et la guanine avec la cytosine.

Watson et Crick publièrent leurs travaux immédiatement et, en 1962, on leur décerna le prix Nobel, de même qu'à Maurice Wilkins. Rosalind Franklin ne put goûter aux fruits de cette réussite, puisqu'elle perdit la vie en 1958 à l'âge de 37 ans. Son travail et celui de nombreux scientifiques qui l'ont précédée ont cependant fourni toutes les pièces d'un gigantesque casse-tête. Watson et Crick avaient réuni toutes ces pièces et, dans un élan d'inspiration commune, de détermination et de chance, ils sont parvenus à résoudre le mystère de la molécule de vie.

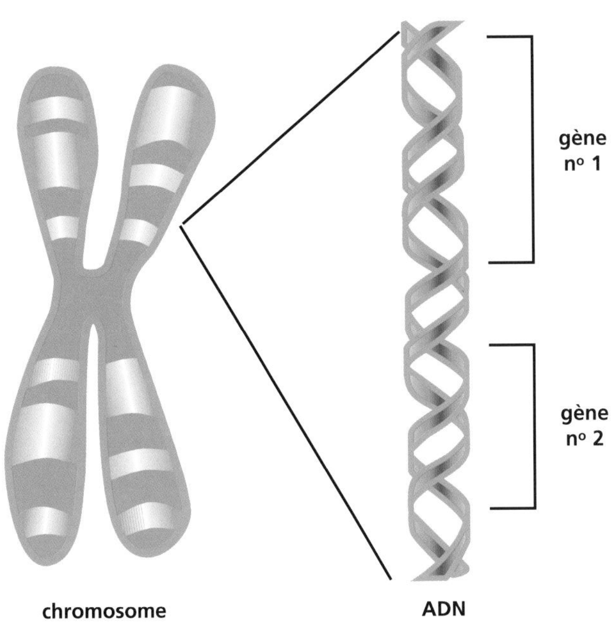

CI-DESSUS : *L'ADN réside sur les chromosomes. Il se divise en sections appelées gènes et dont la longueur peut varier sur un brin d'ADN. Chaque gène contrôle un aspect de l'hérédité.*

À RETENIR !

LA RADIOCRISTALLOGRAPHIE

Cette technique permet d'étudier la structure tridimensionnelle des molécules complexes qu'on retrouve dans les cristaux. Les faisceaux des rayons X traversent le cristal et sont diffractés (dévient) à divers niveaux selon la forme de la molécule. La mesure des différences observées sert ensuite à représenter la structure de la molécule et à déterminer son fonctionnement.

DES GENS MARQUANTS

Le chimiste américain **Linus Pauling** (1901-1994) calcula les distances et les angles entre les liaisons chimiques des molécules à l'aide des techniques de diffraction des rayons X. Il obtint le prix Nobel en 1954 pour avoir défini la forme des protéines et proposé une structure pour l'ADN, qui sera corrigée plus tard par Watson et Crick. Au lieu de dessiner les molécules, Pauling en faisait des maquettes à grande échelle, une méthode que Watson et Crick ont ensuite imitée.

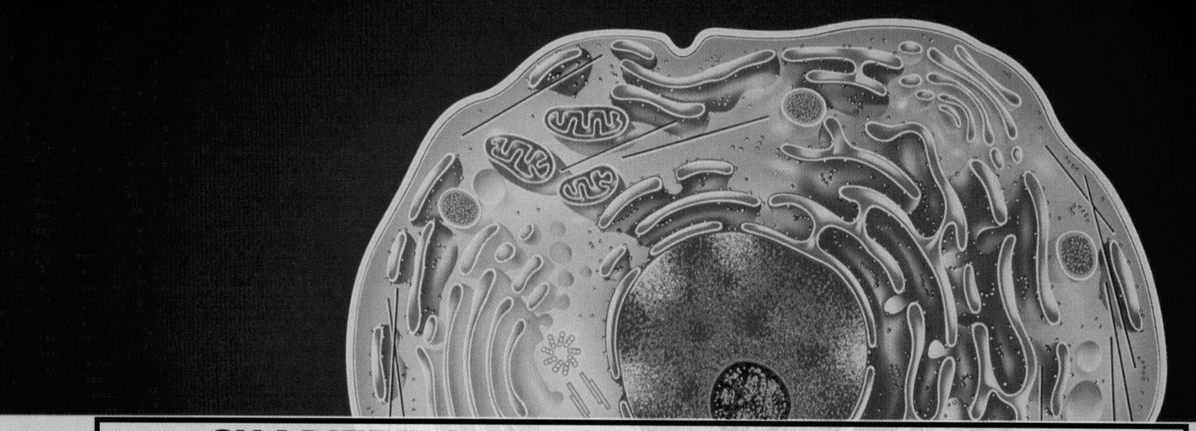

CHAPITRE QUATRE

« Reliés les uns aux autres, nos 46 chromosomes mesureraient plus de six pieds. Malgré tout, le noyau qui les renferme présente un diamètre de moins de quatre dix-millièmes de pouce. »

RICK GORE, *NATIONAL GEOGRAPHIC*, 1976

COMMENT DÉCODER L'HÉLICE

CI-DESSUS : *Structure d'une cellule. Au centre, à l'intérieur du noyau (en rose), apparaît le nucléole (en brun) renfermant l'ADN. Les ribosomes (cercles orangers) produisent les protéines dans le cytoplasme.*

À RETENIR !

LES PROTÉINES

La production de protéines se déroule en permanence à l'intérieur du cytoplasme des cellules. L'ADN, contenu dans le noyau, renferme les codes des protéines. L'ARN libre présent dans le noyau reproduit le code de chaque protéine et l'entraîne dans le cytoplasme sous forme d'ARN messager (ARNm).

La découverte de la structure de l'ADN fut une étape importante, car elle permit aux scientifiques de déchiffrer la façon dont cette molécule relativement simple transmet l'information. Watson et Crick ont suggéré que si on séparait deux structures de sucre-phosphate d'une molécule d'ADN, chacun des brins pourrait se reproduire, donnant ainsi deux copies complètes du brin d'origine.

CODES D'ADN DES PROTÉINES

Watson et Crick ont ensuite avancé que l'ADN pouvait également receler un code permettant de fabriquer des protéines d'une manière comparable. L'ADN se trouve dans le noyau d'une cellule, mais les protéines se forment à l'intérieur du cytoplasme de la cellule. Par conséquent, on devait pouvoir compter sur une autre molécule « messagère » pour acheminer l'information de l'ADN à l'endroit où se crée la protéine. Ce rôle incombe de fait à l'acide ribonucléique (ARN), l'autre acide nucléique que Phoebus Levene avait identifié plusieurs années auparavant (voir p. 20).

L'ARN ressemble à l'ADN, mais il présente un seul brin plutôt que deux. Tout comme l'ADN, il est doté de quatre bases azotées, mais avec de l'uracile plutôt que la thymine. Lorsque l'ADN produit le code permettant de créer une protéine donnée, il s'ouvre de façon à exposer ses bases. Autrement dit, les nucléotides de l'ARN flottant librement à l'intérieur du noyau peuvent s'unir aux bases de l'ADN et les reproduire. Le processus est identique à la reproduction de l'ADN, mais c'est l'uracile et non la thymine qui s'unit à l'adénine. Il en résulte ainsi une molécule d'ARN, appelée ARN messager (ARNm), capable d'émigrer du noyau vers le cytoplasme, où sont fabriquées les protéines.

À l'intérieur du cytoplasme, l'ARN messager repère un ribosome auquel il se fixe. Le ribosome « lit » le code de l'ARN pour utiliser ensuite une autre molécule d'ARN, soit l'ARN de transfert (ARNt), afin de créer des protéines.

Les cellules différentes remplissent des fonctions distinctes, de sorte que plusieurs parties de l'ADN d'une cellule seront « décompressées » en même temps. Les protéines nécessaires variant d'un type de cellule à l'autre, des millions de protéines différentes se créent constamment à l'intérieur de nos corps. Les travaux portant sur d'autres organismes ont démontré que le code génétique est étonnamment semblable chez tous les êtres vivants, des bactéries aux humains : 30 % de nos gènes sont identiques à ceux d'une… banane !

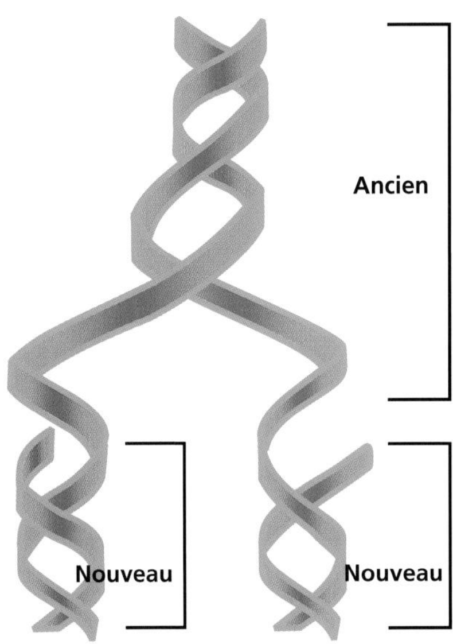

CI-DESSUS : *Ce schéma nous montre une molécule d'ADN qui se divise afin de former deux nouvelles molécules. Chaque brin de la molécule d'origine sert de modèle aux nouvelles. Les deux brins sont séparés par des enzymes. Les éléments de réserve de la cellule s'unissent alors aux deux brins individuels dans un processus d' « appariement des bases » pour former deux copies du brin original identiques entre elles.*

MUTATIONS DU CODE GÉNÉTIQUE

Déjà dans les années 1900, Hugo de Fries avait démontré que des modifications aléatoires surviennent dans le

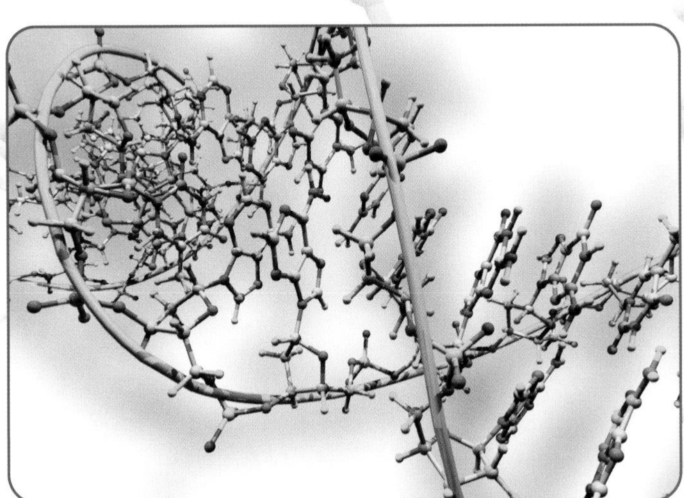

À GAUCHE : *Selon les dernières recherches, l'ADN est bien plus complexe qu'on le croyait au départ. L'hélice double est torsadée serré, mais sa forme évolue sans cesse pour former des nœuds. Les scientifiques soupçonnent que la torsion constante de la molécule influe sur la commutation génique. La structure de sucre-phosphate apparaît en jaune, alors que les bases sont bleues.*

À RETENIR !

LES GÈNES

Un gène est un segment d'ADN renfermant un code d'information héréditaire et se situant au niveau des chromosomes dans la cellule. Chez l'humain, les 23 chromosomes d'un spermatozoïde s'unissent aux 23 chromosomes d'un ovule au cours de la fertilisation et, après des millions de divisions cellulaires, donnent naissance à un nouvel être humain présentant un génotype unique issu de la combinaison des gènes du père et de la mère. C'est ainsi que le matériel génétique se transmet d'une génération à l'autre.

CI-DESSUS : *Ensemble complet de chromosomes mâles humains. Chaque cellule humaine a 23 paires de chromosomes constituées d'un chromosome de chaque parent. Seule la dernière paire distingue les hommes des femmes. Ici, les chromosomes XY qui forment la 23e paire (en bas à droite) indiquent qu'il s'agit d'un homme, le chromosome Y étant porteur des caractéristiques masculines.*

phénotype (aspect de l'organisme) des onagres. Il qualifia ces modifications de « mutations ». Par la suite, les chercheurs ont découvert qu'il existait différentes façons de provoquer ces mutations. Dans les années 1930, un généticien américain du nom d'Herman Muller (1890-1967) avait démontré qu'un bombardement aux rayons X provoquait chez les mouches à fruits 150 fois plus de mutations qu'on prévoyait.

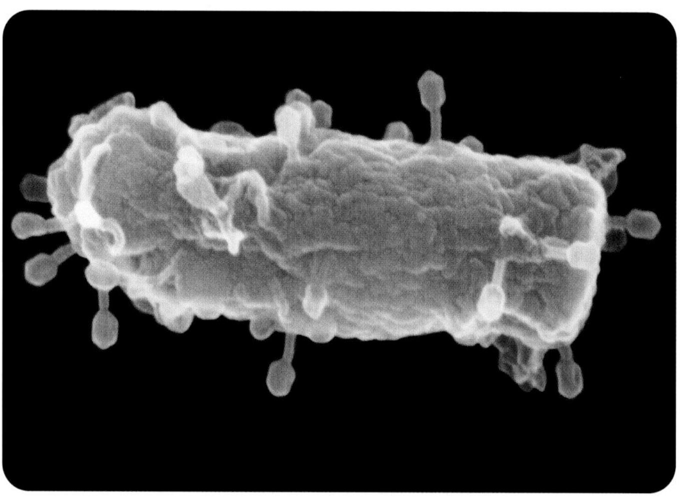

CI-DESSUS : *Les bactériophages sont un type de virus bruns de forme hexagonale qu'on peut voir ici en train d'attaquer une cellule bactérienne. Watson et Crick ont utilisé ces virus pour provoquer des changements au niveau des chromosomes.*

Watson et Crick ont fait appel aux rayons X dans le but de provoquer des mutations chez les bactériophages, ces virus qui attaquent les bactéries et qui leur enseignent à copier de nouveau le virus. Les scientifiques ont constaté qu'ils pouvaient causer des mutations dans une zone donnée d'un chromosome et que l'ordre des bases azotées A, T, G et C s'en trouvait ainsi modifié. Dans certains cas, le produit chimique utilisé pour provoquer la mutation s'intégrait au code, alors que dans d'autres cas, une base, soit une partie du code, était expulsée. Si le code est incorrect, il ne peut faire en sorte que la protéine crée une certaine protéine. Les conséquences sont importantes, puisque les protéines sont essentielles pour maintenir les cellules en vie et assurer leur bon fonctionnement.

Même si les scientifiques ont eux-mêmes créé ces mutations ou « erreurs » génétiques, elles surviennent aussi constamment et de façon naturelle.

MUTATIONS ET ÉVOLUTION

La théorie de Charles Darwin sur l'évolution par sélection naturelle reposait sur les organismes produisant des changements au niveau de leurs phénotypes. Ces changements, permettaient à un animal particulier de survivre alors que l'autre pouvait mourir. Les animaux survivants pouvaient se reproduire et transmettre ces variations à la génération suivante. Les mutations génétiques constituent une façon de favoriser cette sélection naturelle.

Lorsqu'on produit les cellules reproductrices par la méiose (voir p. 17), de petites mutations, peuvent apparaître, empêchant souvent un œuf fertilisé de se développer. À l'occasion, une mutation, comme un bec ou une griffe de forme différente, n'empêche pas le développement d'un embryon et peut même se révéler utile en cas de pénurie d'aliments ou de compagnons. Pendant des millions d'années, l'évolution a résulté des variations chromosomiques accidentelles.

CI-DESSUS : *Si un œuf fertilisé se divise en deux, chaque embryon qui en résulte renferme deux gènes identiques. Ces enfants sont des jumelles identiques.*

À RETENIR !

DRÉPANOCYTOSE

La drépanocytose (anémie falciforme) est une maladie héréditaire et débilitante qui sévit surtout en Afrique rurale. En Amérique du Nord, environ 400 Afro-Américains en souffrent. L'hémoglobine normale, qui transporte l'oxygène dans le sang, est contenue dans des globules rouges ronds et flexibles. Les gens atteints de drépanocytose ont une hémoglobine anormale, provoquant cette déformation et une rigidité des globules rouges qui peuvent freiner le flux sanguin. D'après la théorie de la sélection naturelle, les porteurs de la maladie, qui peuvent mourir de ses effets, seraient aussi moins susceptibles d'avoir des enfants ; la maladie disparaîtrait avec le temps. Par ailleurs, la recherche a démontré que ces mêmes individus résistent mieux à la malaria, une maladie faisant 2,5 millions de morts chaque année.

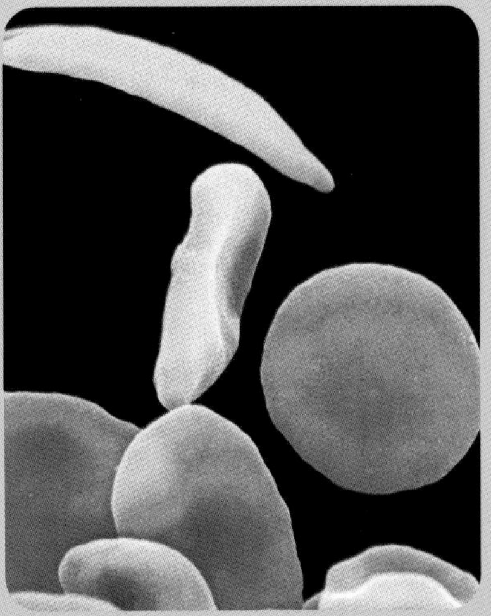

CI-DESSUS : *La drépanocytose ou anémie falciforme s'appelle ainsi, car les globules rouges touchés présentent une hémoglobine anormale qui leur donne la forme d'une faucille. On peut voir ici un globule rouge normal (de forme arrondie) et un autre en forme de faucille (en haut).*

CHAPITRE CINQ

« La cartographie du génome humain nous permet de croire que le terme "cancer" n'aura, pour les enfants de nos enfants, d'autre sens que la constellation du même nom. »

LE PRÉSIDENT AMÉRICAIN BILL CLINTON, 2000

La génétique en action

L'histoire de la découverte de l'ADN n'a pas pris fin en 1953. On a peut-être révélé sa structure, mais de nombreux mystères demeurent. Les gènes varient d'un organisme à l'autre. L'ordre dans lequel les paires de bases azotées apparaissent est également différent, et il existe des milliards de combinaisons. Les scientifiques ont commencé à identifier et à rassembler les éléments de ce code complexe sur lequel repose toute forme de vie humaine.

CI-DESSUS : *: La recherche sur le génome humain est un projet colossal. Ici, un scientifique cartographie les longs fragments d'ADN sur des chromosomes qui apparaissent à l'écran en rouge. Les points jaunes représentent les fragments d'ADN.*

LE PROJET DU GÉNOME HUMAIN (PGH)

Un génome représente la composition génétique complète d'un organisme, puisqu'on y trouve toute l'information biologique indispensable à la vie. En 1990, le département américain de l'Énergie et les instituts nationaux de la santé entreprirent de coordonner un effort d'envergure mondiale visant à illustrer le génome humain. Il s'agissait là d'un projet considérable sur le plan biologique.

Il existe au moins 30 000 gènes codeurs de protéines dans l'ADN humain et trois milliards de paires de bases azotées. Pour parvenir à identifier le génome humain, les scientifiques ont dû définir l'ordre dans lequel les bases (A, T, C et G) apparaissent sur l'ADN. Ce fut là une tâche incroyable à laquelle ils pensaient devoir consacrer environ 15 ans. Étonnamment, 97 % de l'ADN humain ne remplit aucune fonction connue et son code ne semble correspondre à rien. Les scientifiques parlent alors d'« ADN égoïste » (ou d'ADN non codant), mais on en a également tenu compte dans le PGH, en espérant qu'un jour on puisse découvrir sa fonction. Grâce aux progrès de l'informatique, on est parvenu à cartographier le génome plus rapidement qu'on ne l'aurait cru en produisant un genre de « plan » génétique de la vie humaine. On a publié une version complète du génome humain en 2003, soit 50 ans après que Watson et Crick eurent identifié la structure de l'ADN.

Dans le cadre du PGH, on a concentré les efforts sur l'ADN d'un donneur anonyme, mais les résultats peuvent s'appliquer à tous les êtres humains, puisque notre ADN est identique à 99,9 %. C'est l'écart de 0,1 % qui nous distingue les uns des autres. Ces variations surviennent lorsque l'ordre des bases de l'ADN varie légèrement. Par exemple :

A G C T C C G A
A G T T C C G A

CI-DESSUS : *Même les enfants issus des mêmes parents et qui ont en commun certains renseignements génétiques sont uniques. Le caractère individuel de chaque personne résulte des différences minimes dans l'ordre des bases de son ADN.*

CI-DESSOUS : *Exemple d'ADN humain sur un graphique montrant la disposition des paires de bases. Cette méthode de « lecture » de l'ADN offre de nombreux avantages sur les plans scientifique et médical.*

Les snips (Polymorphismes nucléotidiques simples) sont les points de nos gènes qui entrainent ces variations individuelles. Les scientifiques croient qu'il existe dans le génome humain trois millions de snips pouvant présenter un nombre infini de combinaisons, ce qui explique que chaque être humain est unique. L'identification des snips pourrait nous aider à mieux comprendre les maladies et autres caractéristiques héritées par un individu.

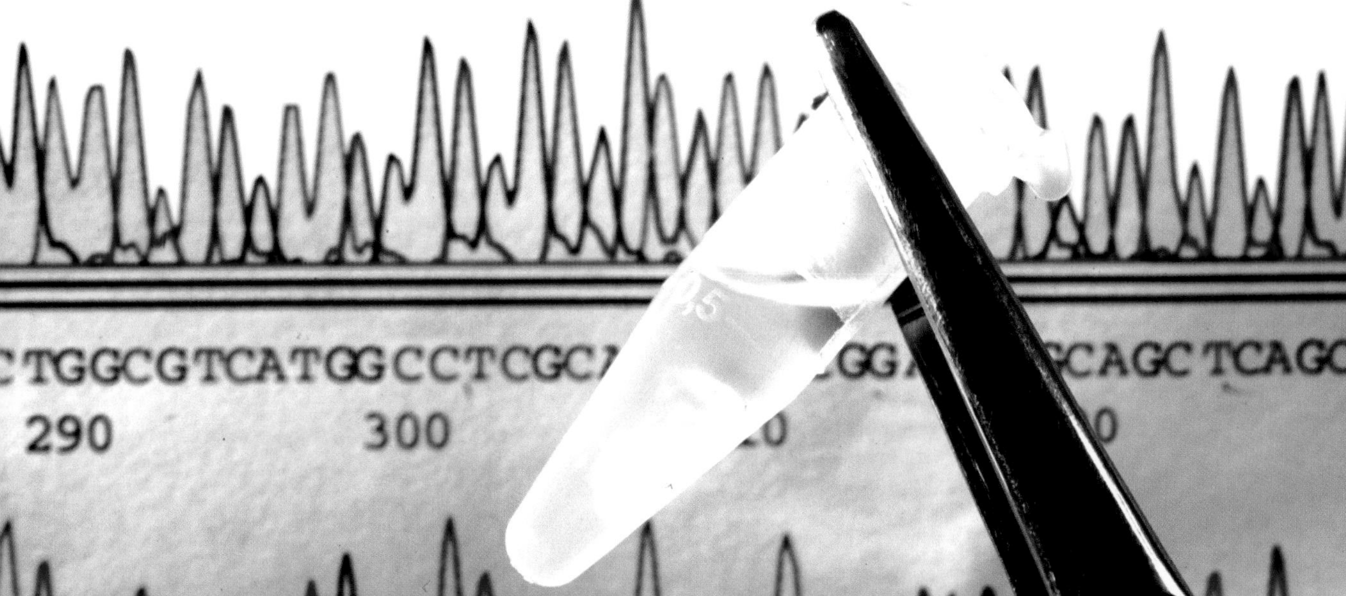

À RETENIR !

LA COMMUTATION GÉNIQUE

Entrepris en 2003, le projet de l'épigénome humain (PEH) constitue le plus récent domaine de la recherche. Il vise à déterminer les facteurs de contrôle des gènes dans le corps humain. À partir du plan génétique fourni par le PGH les scientifiques cherchent à distinguer les parties provoquant une commutation des gènes, rendant ainsi les cellules saines ou malades.

La cartographie du génome humain constitua une étape importante dans le développement de la génétique au XXIe siècle. Les scientifiques espèrent que cette connaissance des variations entre les individus mènera à de nouvelles méthodes révolutionnaires pour diagnostiquer, traiter et, un jour, prévenir la maladie.

L'ADN : LA CLÉ DU PASSÉ

Les progrès technologiques touchant l'ADN nous en apprennent énormément sur nos gènes actuels, mais ils peuvent également faire la lumière sur les gènes de nos ancêtres et nous révéler ainsi certains aspects de notre passé.

L'ADN d'un être humain constitue un mélange de matériel génétique hérité des parents, mais pour l'instant, il est difficile de savoir quels gènes proviennent de quel parent. Il existe toutefois deux sources d'ADN qui ne se mélangent pas au cours de la fertilisation. Premièrement, le chromosome Y passe du père au fils, puisque les femmes ne possèdent pas ce chromosome. Ensuite, l'ADN mitochondrial (ADNmt) est transmis de la mère à sa fille et ainsi de suite dans la lignée féminine sans jamais subir les effets des gènes mâles. En étudiant les modèles d'hérédité de l'ADN à partir du chromosome Y et de l'ADNmt, les généticiens sont parvenus à créer une nouvelle science : la

CI-DESSOUS : *L'ADN mitochondrial (ADNmt) ne présente pas la forme d'une hélice comme l'ADN humain. Il est plutôt circulaire. Il possède cependant les mêmes bases nucléotidiques retenant ensemble les divers brins.*

génétique démographique, qui nous a révélé certains faits extraordinaires.

La prêtrise chez les Juifs a débuté il y a environ 3 000 ans lorsque Moïse désigna son frère Aaron comme le plus important des prêtres. Depuis ce temps, ce titre s'est transmis de père en fils. Ainsi, conformément à la tradition juive, les membres de la prêtrise juive, soit les Cohanim, sont tous des descendants d'Aaron. Les analyses des chromosomes Y qu'on a retrouvés chez ce groupe d'hommes ont démontré qu'une très grande proportion des Cohanim ont en commun ce type particulier de chromosome Y, ce qui signifierait, en effet, qu'ils descendent tous du même homme.

Les documents historiques nous suggèrent qu'au moment où les conquistadores (conquérants/envahisseurs) espagnols sont venus en Amérique du Sud au XVIe siècle, leurs actions ont eu un effet dévastateur sur la population locale. La preuve génétique a démontré que ces récits n'étaient aucunement exagérés. En Colombie, une étude a révélé que l'ADNmt était davantage « amérindien », alors que le chromosome Y était plus « européen ». Cela voudrait dire que les envahisseurs espagnols ont exterminé en grande partie les populations autochtones mâles et qu'ils ont ensuite pris pour conjointes les femmes autochtones.

CI-DESSUS : *Les analyses réalisées à partir de l'ADNmt et du chromosome Y nous portent à croire qu'au moment où les Espagnols ont envahi certaines contrées d'Amérique au XVIe siècle (photo), ils ont tué la plupart des hommes pour ensuite prendre les femmes comme épouses, de sorte qu'à l'heure actuelle, plusieurs des habitants de ces pays descendent des femmes autochtones d'Amérique et des Européens.*

À RETENIR !

L'ADN MITOCHONDRIAL

Les mitochondries sont des organismes filiformes qu'on retrouve dans le cytoplasme de la plupart des cellules et qui leur fournissent de l'énergie. Elles possèdent leur propre ADN, soit l'ADNmt. Le sperme ne contient pas d'ADNmt, mais les ovules en ont. Chaque cellule d'un embryon renferme donc de l'ADNmt qui provient directement de la mère et les mutations de l'ADNmt se transmettent de mère en fille.

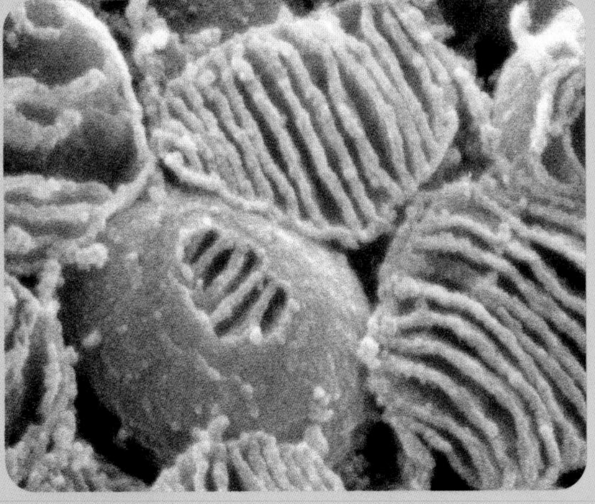

CI-DESSUS : *Voici des mitochondries (grossies 50 000 fois). Elles produisent de l'énergie dans la cellule. Les mitochondries ont un ADN particulier (ADNmt), qui est légué à toute la lignée femelle.*

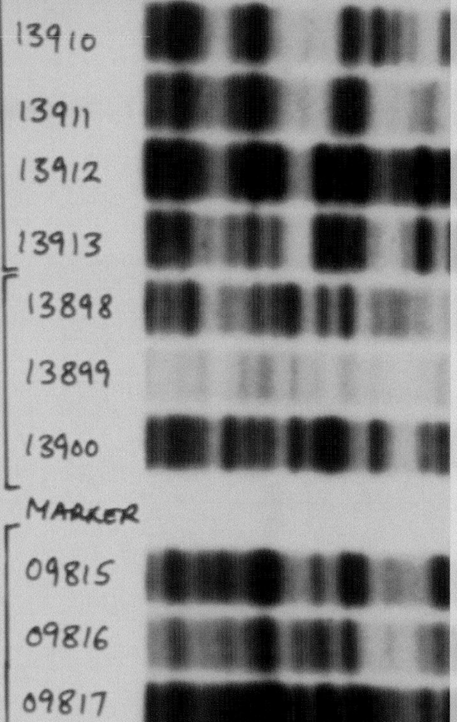

CI-DESSUS : *Si deux personnes sont apparentées, certaines « bandes » de leur code génétique sont identiques. Le « code à barres » de l'ADN nous montre les bandes de la mère (M), du père (P) et de l'enfant (E).*

Des études comparables ont aidé les anthropologues à suivre les migrations des peuples à l'échelle du globe, ainsi qu'à identifier les changements – et les ressemblances – dans leur composition génétique. On peut même étendre le pouvoir de cette science qu'est la génétique des populations jusqu'aux origines de l'espèce humaine. La recherche actuelle se concentre sur l'évolution de la race humaine en Afrique, ainsi que sur sa migration qui a ensuite touché tous les continents.

LES EMPREINTES GÉNÉTIQUES

Chaque individu possède une séquence d'ADN unique qui lui sert d'empreinte génétique. De même que la police utilise les empreintes digitales pour établir l'identité d'un individu ayant été présent sur la scène d'un crime, les généticiens peuvent identifier les gens à partir d'un simple échantillon de leur matériel génétique. L'ADN se retrouve dans chaque cellule du corps humain. On peut donc analyser des échantillons de cheveux, de peau, d'ongle, de sang ou d'autres liquides et tissus corporels.

En 1984, le généticien anglais Alec Jeffreys (né en 1950) découvrit qu'un faible nombre de gènes non codants (gènes égoïstes) présentaient des éléments d'ADN répétitifs. Ayant noté que le nombre et la longueur de ces « itérations » variaient d'un individu à l'autre, il mit au point une technique lui permettant d'identifier les gens à partir de petits échantillons de leur ADN. Cette méthode procure une photo ayant l'apparence d'un code à barres. Si les codes de deux échantillons de sang, par exemple, concordent, il est alors presque certain qu'ils proviennent du même individu. On qualifie ce processus de « prise d'empreintes génétiques ».

Bien qu'elle présente de nombreux usages, cette technique n'est pas infaillible. Elle n'est efficace que si on a soigneusement recueilli des échantillons qu'on n'a pas contaminés en cours d'essai. Il existe une marge d'erreur même avec les meilleurs échantillons. Pour cette raison, on combine la prise d'empreintes génétiques à d'autres preuves afin de confirmer la culpabilité d'un individu. Cependant, les nouvelles technologies et méthodes d'échantillonnage et d'analyse améliorent la précision de cette technique à un rythme effarant.

À RETENIR !

LA GÉNÉALOGIE

La généalogie est l'étude des origines et de l'histoire des familles. Pendant des siècles, les gens ont retracé leurs ancêtres au moyen des documents écrits, comme les registres des églises et des municipalités. La technologie moderne faisant appel à l'ADN a transformé ce domaine d'étude en une nouvelle branche de la science nommée génétique des populations.

À RETENIR !

LES EMPREINTES GÉNÉTIQUES, UNE TECHNIQUE TRÈS UTILE

- ★ Les experts en criminalistique peuvent établir un lien entre l'ADN d'un échantillon laissé sur la scène d'un crime et celui d'un suspect éventuel. Ce lien ne prouve pas la culpabilité d'un individu, mais il indique un niveau élevé de probabilité, puisque les chances que deux individus (autres que des jumeaux identiques) possèdent le même code génétique sont vraiment faibles. Par ailleurs, si les deux échantillons sont différents, le suspect se trouve innocenté.
- ★ La prise d'empreintes génétiques révèle également le lien de parenté unissant deux individus et c'est pourquoi on l'utilise pour la recherche de paternité. Dans une cause très controversée, on a démontré que Thomas Jefferson, troisième président américain, a peut-être conçu les enfants de Sally Hemmings, une de ses esclaves.
- ★ On peut utiliser des échantillons de tissus pour identifier les restes d'un cadavre ou d'un squelette des siècles après le décès de cette personne.
- ★ En étudiant les profils d'ADN, les généticiens des populations ont pu retracer les mouvements des peuples entre les continents.

CI-DESSUS : *On a fait appel aux tests génétiques pour prouver que le président américain Thomas Jefferson a peut-être eu des enfants avec Sally Hemmings, une de ses esclaves.*

LE GÉNIE GÉNÉTIQUE

Si les scientifiques ont appris à mieux connaître l'ADN, ils ont également découvert des moyens de modifier la structure génétique des animaux et des plantes par un processus appelé « génie génétique » dont les progrès pourraient révolutionner l'histoire de l'humanité.

L'ADN des différentes espèces de plantes et d'animaux est étonnamment semblable, ce qui signifie entre autres, qu'on peut combiner les gènes de différentes espèces animales afin de créer une nouvelle forme d'ADN appelée « ADN recombinant » et de modifier ainsi le génotype d'un organisme. Le riz, par exemple, sert d'aliment de base à plusieurs millions d'individus dans les pays en développement. Ingo Potrykus (né en 1933), un chercheur suisse, a introduit des gènes de jonquille dans le riz au moyen de techniques d'épissage. Ces gènes produisant du bêta-carotène, un produit chimique qui se transforme en vitamine A dans l'organisme humain, le nouveau riz ainsi obtenu était jaune, de sorte qu'on lui a donné le nom de « riz doré ». La carence en vitamine A étant responsable chaque année de la mort de plus de deux millions d'enfants

CI-DESSUS : L'Arabidopsis thaliana, *ou arabette de thalius, une mauvaise herbe sans aucun intérêt commercial, devint la première plante phanérogame (se reproduisant par fleurs et graines) à divulguer les secrets de son code génétique. En 1999, une équipe internationale de généticiens découvrit la séquence de ses gènes, sans toutefois comprendre leur rôle exact dans la vie de cette plante.*

À RETENIR !

L'ADN RECOMBINANT

On injecte, dans une bactérie, de l'ADN contenant un gène « utile » qui va se combiner à un fragment d'ADN appelé « plasmide ». On parle alors d'épissure génétique et le nouvel ADN ainsi créé prend le nom d' « ADN recombinant » ou « ADN cloné ». La bactérie se reproduit des millions de fois puis s'injecte dans un autre organisme qui intègre le gène utile à son propre ADN, ce qui permet de transmettre une caractéristique utile d'une espèce à une autre.

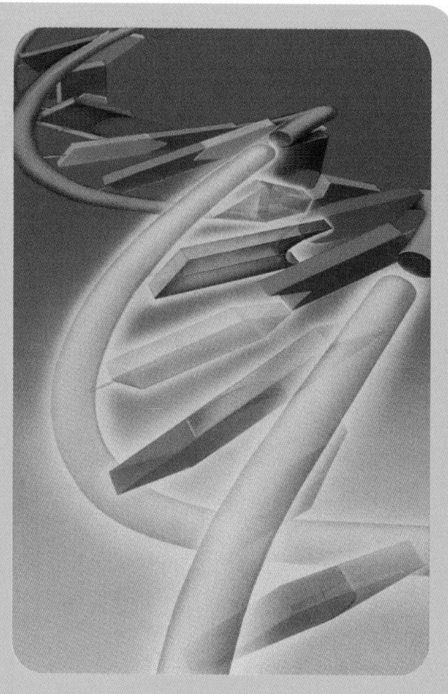

À DROITE : *Section d'un ADN (rose) qu'on a recombiné à une plus grande section d'un ADN (vert). Les scientifiques emploient cette méthode de recombinaison en génie génétique afin de placer une certaine séquence de gènes dans un brin d'ADN.*

DES GENS MARQUANTS

Herbert Boyer (né en 1936) et Stanley Cohen (né en 1922) sont des biochimistes américains. En 1973, ils mirent en commun les fruits de leur recherche sur les enzymes et les plasmides afin de moderniser les techniques de génie génétique. Ils introduisirent des fragments spécifiques d'ADN dans des plasmides bactériens et produisirent des copies (clones) de la bactérie. On les considère comme les pères du génie génétique.

et de la cécité d'un demi-million d'autres, on espère que le riz doré puisse améliorer la vie de bien des gens. Malgré la mise au point en laboratoire d'un nouveau type de riz, le temps où nous pourrons le récolter dans les rizières du monde est encore loin, tout comme la solution au problème de la pauvreté qui engendre la malnutrition.

LA MODIFICATION GÉNÉTIQUE

La modification génétique (MG) fait appel aux clones, ou copies, de bactéries, qu'on fabrique et insère dans un autre organisme. Cette technique est possible, car en se reproduisant, les bactéries peuvent produire des copies identiques d'elles-mêmes.

On développe et on cultive de nos jours des denrées génétiquement modifiées. Il s'agit de plantes dont les graines renferment des quantités énormes d'huile susceptible de se substituer aux combustibles fossiles. On a également développé des plantes capables de décomposer les matières toxiques (polluants ou poisons) contenues dans le sol. Un secteur important de la recherche consiste à mettre au point des cultures pouvant résister aux maladies, ce qui réduirait la dépendance mondiale face aux pesticides chimiques.

Les scientifiques comparent la modification génétique à la reproduction sélective des plantes et des animaux que les agriculteurs pratiquent depuis plus de 10 000. Il existe cependant une différence cruciale, puisque les méthodes traditionnelles de reproduction ne font pas appel aux gènes des autres espèces. Lorsque les scientifiques créent des organismes génétiquement modifiés, ils ignorent les conséquences à long terme de leurs gestes sur l'écosystème, ce qui est préoccupant d'un point de vue éthique.

L'expérience nous a enseigné à nous méfier des technologies qu'on n'a pas pris soin de bien vérifier. Dans les années 1950, on voyait les pesticides comme un moyen de réduire les pénuries alimentaires dans le monde en développement. En fait, ils ont donné lieu à des cancers, détruit considérablement l'environnement et produit des insectes capables de leur résister.

CI-DESSUS : *Les aliments génétiquement modifiés, comme les tomates, peuvent durer plus longtemps.*

CI-DESSOUS : *On peut modifier l'ADN des cultures pour leur conférer des propriétés bénéfiques, telle la résistance aux herbicides. Cette chercheuse compare la croissance des plants de betterave à sucre génétiquement modifiés à celle de plants normaux.*

LE CLONAGE

En 1996, on réalisa une percée dans le domaine du génie génétique en donnant naissance à Dolly, un mouton qu'on avait créé à partir de la technique dite de transfert de noyau d'une cellule somatique. On remplaça le noyau d'une cellule reproductrice (œuf) d'un mouton adulte par le noyau d'une cellule non reproductrice (cellule somatique). On inséra ensuite l'œuf dans l'utérus d'une

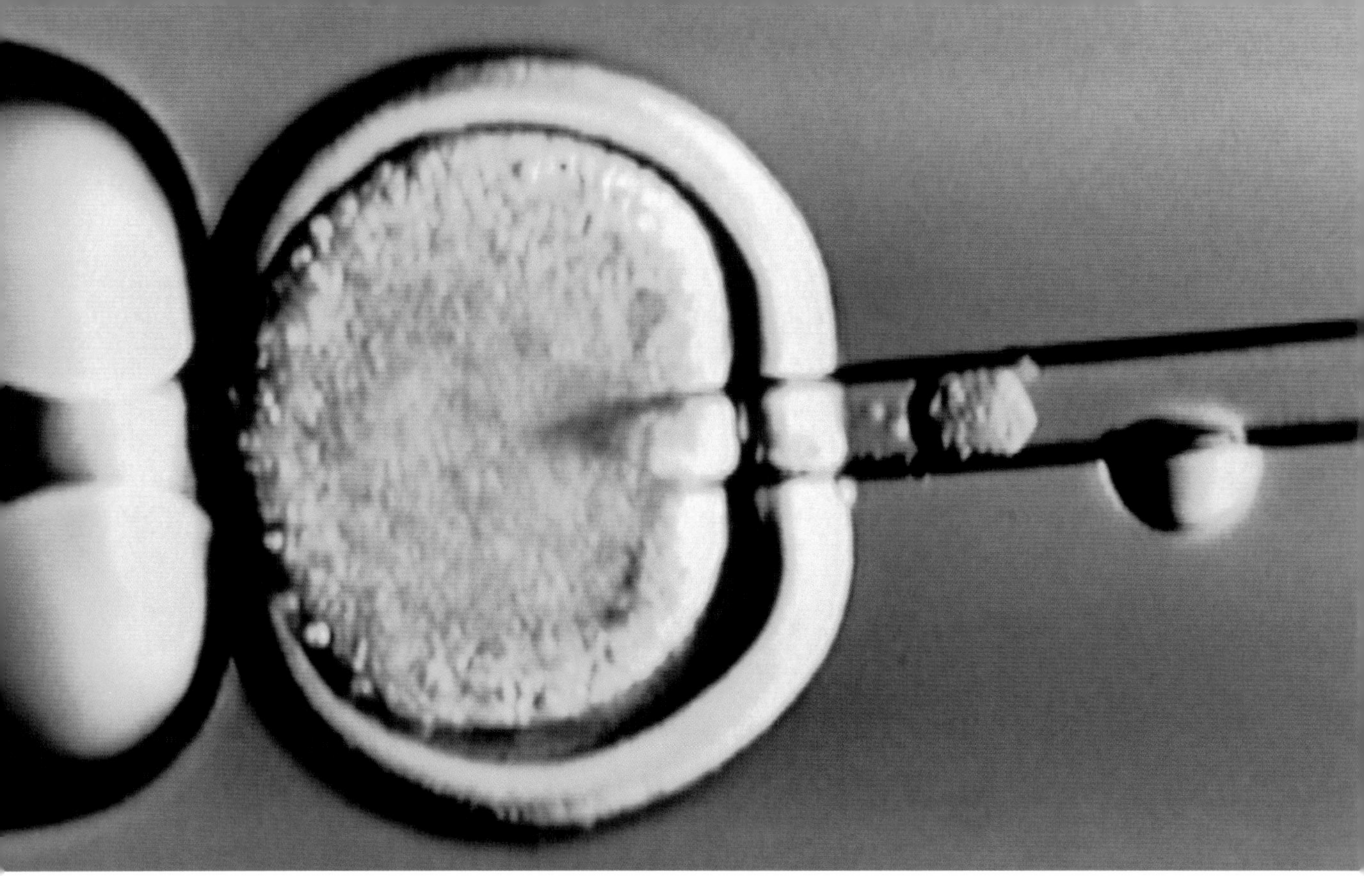

CI-DESSUS : *Injection d'une cellule embryonnaire dans un œuf de mouton au moment du clonage. On a retiré le matériel génétique de l'œuf afin que la cellule injectée puisse croître.*

CI-DESSOUS : *Dolly est morte à l'âge de six ans des suites d'un cancer doublé d'arthrite aiguë. On ne sait toujours pas si elle est disparue prématurément parce qu'elle était un clone. Son autopsie a révélé qu'à part le cancer et l'arthrite, Dolly était parfaitement normale.*

brebis où il s'est développé sans avoir jamais été fertilisé. Le mouton qui en a résulté, soit Dolly, était un clone de sa mère. Elle possédait exactement le même ADN. La création d'un animal ayant le même ADN qu'un autre s'appelle « clonage de reproduction ». Pour l'instant, son usage est limité, puisque les clones présentent de nombreux handicaps et malformations, en plus de vieillir prématurément et de mourir à un jeune âge.

Les cellules d'un œuf fertilisé se divisent et se multiplient pour former un blastocyste. Celui-ci renferme les cellules souches – des cellules indifférenciées capables de se transformer en cellules somatiques, telles des neurones, des cellules rénales ou des cellules musculaires. Ainsi, les cellules souches sont comparables aux matériaux de construction pour les organismes vivants. Les chercheurs espèrent contrôler avec précision le type de tissus résultant des cellules souches et les utiliser ensuite pour cultiver des tissus ou des organes complets destinés à la transplantation, aider à soigner les maladies et traiter les personnes handicapées. Pour plusieurs, la recherche sur les cellules souches est une façon très controversée d'utiliser les tissus humains.

Dans certains pays, les gouvernements subventionnent la recherche portant sur le « clonage thérapeutique ». Ce type de clonage a pour but de guérir en utilisant l'ADN

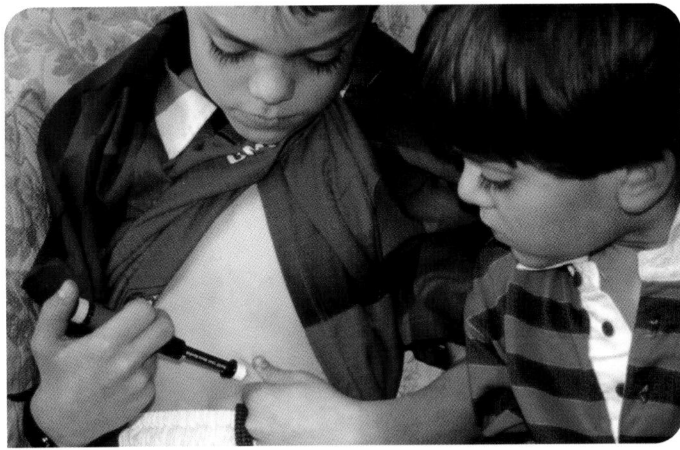

À GAUCHE : Les diabétiques, comme ce jeune garçon, doivent s'injecter de l'insuline, ce qui aide à convertir le sucre sanguin en énergie, puisque leur organisme n'en crée pas suffisamment. La recherche sur l'ADN permettra peut-être de mieux traiter un jour les maladies comme le diabète.

des embryons humains qu'on a jetés ou créés spécifiquement pour la recherche. En 2001, le gouvernement américain interdisait que les subventions fédérales servent à la recherche sur les cellules souches provenant de tels embryons, mais il continua de financer la recherche sur les lignées cellulaires embryonnaires déjà en cours au moment d'adopter la loi. La recherche sur les cellules souches financée par le privé et consacrée aux plus récentes lignées cellulaires se poursuit aux États-Unis.

En février 2004, des scientifiques de l'Université de Séoul en Corée annoncèrent qu'ils avaient réalisé une percée dans le domaine du clonage thérapeutique en créant les clones d'embryons humains les plus perfectionnés à ce jour. On créa ainsi 30 blastocystes à partir d'ADN fourni par des volontaires et chaque blastocyste produisit des types précis de cellules, comme du sang ou des os. On s'attend à ce que cette recherche débouche sur des traitements permettant de traiter les troubles tels que le diabète, l'arthrose, ainsi que les maladies d'Alzheimer et de Parkinson, qui s'accompagnent d'une déchéance des tissus. Les scientifiques et les médecins espèrent qu'on pourra transplanter chez les patients les tissus provenant des cellules souches.

Plusieurs estiment qu'on a tort de créer des embryons humains devant servir simplement de « pièces de rechange », mais un tel usage du clonage pourrait améliorer et même sauver des millions de vies.

LA THÉRAPIE GÉNIQUE

La fibrose kystique (FK) est une maladie héréditaire caractérisée par la présence de mucus épais obstruant les

À RETENIR !

LE CLONAGE DES ESPÈCES MENACÉES

Les scientifiques espèrent qu'un jour, les techniques de clonage de redonneront vie à des populations d'espèces animales menacées. En 2001, les scientifiques italiens sont parvenus à cloner un mouflon – une espèce menacée de mouton sauvage. En parfaite santé, l'animal vit dans une réserve faunique en Sardaigne, mais on ignore encore quels seront les effets du clonage. Parmi les autres candidats possibles au clonage, mentionnons le tigre de Sumatra et le panda géant.

CI-DESSUS : *Les personnes souffrant de fibrose kystique doivent subir des traitements réguliers de physiothérapie pour aider à libérer le mucus obstruant leurs poumons. Les scientifiques du domaine médical mettent actuellement au point une thérapie génique pouvant soulager certains des problèmes dus à cette maladie.*

poumons et d'autres tissus qui deviennent ainsi sensibles aux infections. La FK est attribuable à un gène déficient. Si l'enfant hérite d'une copie de ce gène des deux parents, il souffrira malheureusement de cette maladie mortelle. La thérapie génique, qui permet de traiter cette maladie, consiste à introduire des gènes normaux dans les cellules afin de remplacer les gènes déficients. Les gouttes nasales, ou un tube, permettent d'acheminer le médicament directement dans les voies respiratoires du malade. On intègre les nouveaux gènes aux cellules qui produisent le mucus à l'intérieur des poumons et on leur demande de se comporter comme des cellules normales. Ce traitement ne modifie en rien le génome de l'individu. Il ne s'agit pas d'un traitement permanent et le malade peut quand même léguer le gène de la FK à ses propres enfants, mais c'est malgré tout une percée remarquable dans le traitement de cette maladie débilitante.

Des réussites comme celle-ci prouvent que la thérapie génique permettra un jour de lutter de façon efficace contre de nombreuses autres conditions héréditaires. Le traitement est encore en phase expérimentale. On a dû surmonter plusieurs problèmes au moment d'intégrer les nouveaux gènes aux cellules. On utilise souvent les virus pour transporter l'ADN, mais ceux-ci peuvent enclencher le système de défense du malade, qui produit alors des anticorps s'opposant au virus ou causant même un cancer. Pour surmonter ces problèmes, les scientifiques américains ont créé une forme compacte d'ADN si minuscule qu'elle peut traverser directement la membrane cellulaire sans faire appel au virus.

Dans bien des cas, il est plus pratique de mettre au point des traitements permettant de contrer les symptômes d'un gène déficient plutôt que de tenter de le remplacer. L'hémophilie constitue une anomalie sanguine héréditaire. Les gens qui en souffrent ne produisent pas la protéine qui permet au sang de coaguler. Sans cette protéine, ils peuvent saigner jusqu'à la mort, même dans le cas d'une coupure très banale. On doit donc leur administrer une substance coagulante appelée « facteur VIII » qui provient du sang de donneurs. Grâce au génie génétique cependant, on peut maintenant extraire cette précieuse substance du lait de brebis fécondées à cet effet. On réduit ainsi la dépendance envers les dons de sang et les risques de contamination par le VIH.

À RETENIR !

LES RISQUES DE LA THÉRAPIE GÉNIQUE

Jesse Gelsinger, un jeune Américain de 18 ans, est mort des suites d'un trouble héréditaire du foie en septembre 1999 après avoir pris part à un essai de thérapie génique. Bien que cet essai ne lui permette pas de guérir, Jesse souhaitait offrir une lueur d'espoir aux nouveau-nés atteints de cette maladie. On administra à Jesse un virus chargé de diffuser des gènes correctifs dans son organisme, mais il a succombé peu de temps après. Ses principaux organes ont tous cessé de fonctionner, probablement en réaction au virus.

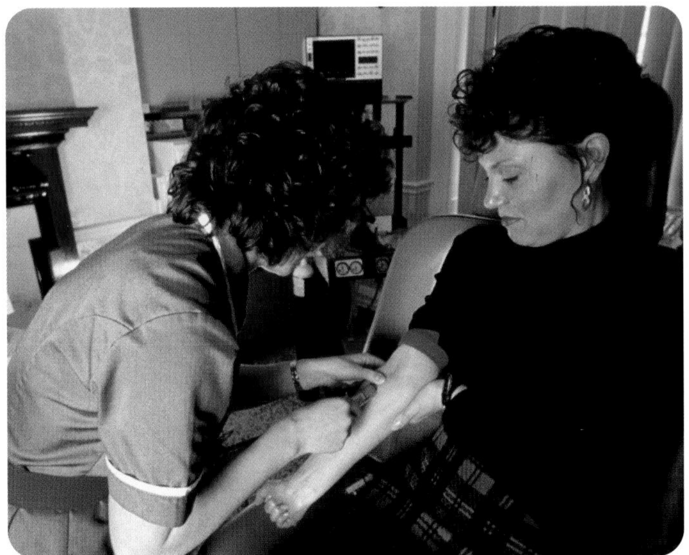

À GAUCHE : *Les collectes de sang ont longtemps été essentielles pour constituer des réserves servant aux transfusions sanguines ou à d'autres usages médicaux, comme l'extraction de la substance coagulante (facteur VIII). Même si les dons de sang ont encore leur importance, le génie génétique a permis de concevoir d'autres méthodes pour recueillir ces substances, réduisant ainsi les risques de contamination.*

CHAPITRE SIX

« Vous pourriez éliminer un gène qui augmente les risques d'une conséquence désagréable pour ne réaliser que plus tard qu'il vous protège contre un autre effet désagréable. »

HUGH WATKINS, WELLCOME TRUST CENTRE FOR HUMAN GENETICS, 2003

Que nous réserve l'avenir ?

« Le génie génétique » est un terme générique qui englobe toutes les techniques pouvant servir à manipuler le génome d'un organisme pour l'adapter à nos besoins et nos désirs. Au fur et à mesure que les techniques génétiques progressent, nous devons prendre des décisions qui influenceront l'évolution de notre espèce et des autres organismes avec lesquels nous partageons notre planète. On ne peut prendre de telles décisions à la légère et il revient à tout un chacun, et non seulement aux scientifiques, d'acquérir les connaissances nécessaires afin de pouvoir faire des choix judicieux.

CI-DESSUS : *Plusieurs craignent que le génie génétique ait un effet néfaste sur la race humaine. Qu'adviendra-t-il si les scientifiques peuvent un jour cloner des êtres humains ou produire des bébés génétiquement parfaits ?*

LES DILEMMES SUR LE PLAN ÉTHIQUE

Les progrès de la génétique posent à la société des dilemmes éthiques. Lorsque Charles Darwin déclara que certains individus détenaient des caractéristiques souhaitables, quelques-uns répliquèrent qu'il serait bien d'encourager ces gens à se reproduire tout en en dissuadant les autres. Cette théorie « eugénique » a fondé la science des « naissances bénéfiques ». À l'aube du XXe siècle, l'eugénique était un mouvement populaire dans plusieurs pays, incluant les États-Unis. On y voyait une façon d'améliorer l'espèce humaine en éradiquant les faibles. À l'époque, plusieurs Blancs se jugeaient supérieurs aux autres races ou meilleurs. Dans les années 1930, en Allemagne, les nazis ordonnèrent la stérilisation ou l'élimination forcée des gens considérés comme « déficients mentaux ». On s'attaquait également aux groupes raciaux et ethniques indésirables. Les Juifs et les tziganes devinrent les victimes de la politique eugénique des nazis et on élimina des millions de personnes.

Les principes eugéniques apparaissent en toile de fond de la génétique moderne : les scientifiques reconnaissent qu'on ne doit pas répéter les erreurs du passé. En connaissant le profil génétique de tous les habitants, on craint que certains souffrent de discrimination et subissent un traitement différent s'ils présentent des gènes « déficients ». Une couche de la société pourrait alors être déclarée « génétiquement inférieure » ; mais qui peut décider que les personnes handicapées valent moins que les gens physiquement aptes ?

Le criblage génétique permet maintenant à un couple de savoir si son enfant à naître présente certains défauts génétiques. Si les futurs parents apprennent qu'ils ont tous les deux le gène déficient provoquant la maladie de Tay-Sachs (trouble génétique qui touche les neurones), ils pourraient décider d'opter pour un avortement afin d'éviter de souffrir, puisque les gens aux prises avec cette maladie vivent rarement plus de cinq ans. Par conséquent, le criblage génétique peut empêcher la naissance d'un enfant handicapé, mais il s'agit là pour les parents d'un choix extrêmement difficile.

CI-DESSOUS : *Les tests d'amniocentèse comme celui-ci consistent à prélever une faible quantité de liquide dans l'utérus de la femme enceinte. On peut ensuite analyser ce liquide afin de déterminer si l'enfant pourrait souffrir d'un trouble génétique, tel le syndrome de Down. Ces essais soulèvent cependant plusieurs questions sur le plan éthique, puisque les gens peuvent décider d'avoir ou non l'enfant en fonction des résultats.*

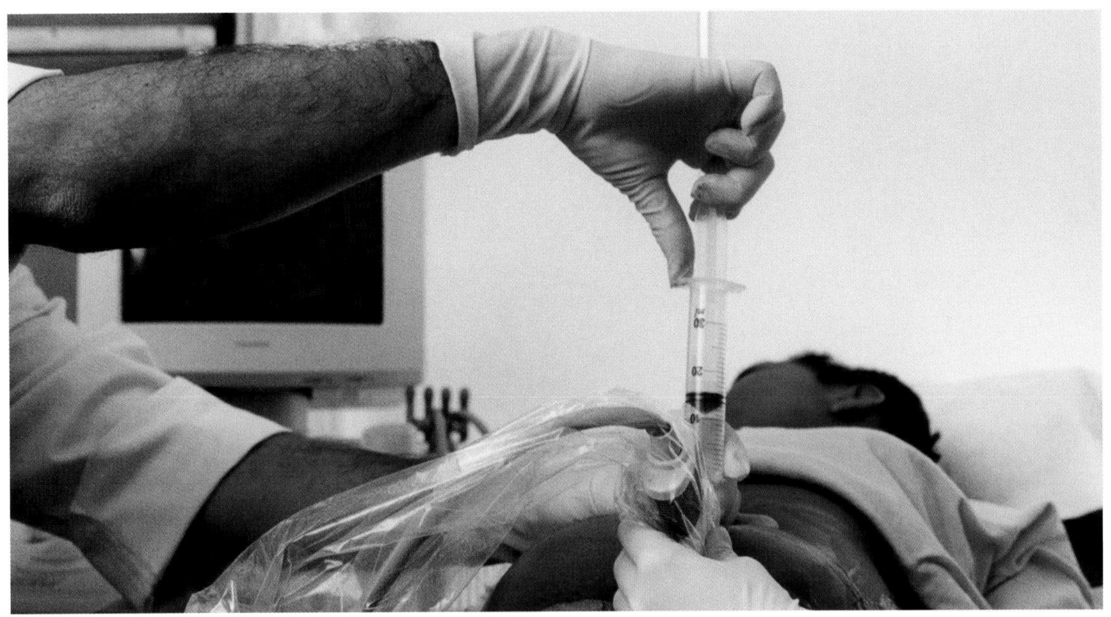

CI-DESSUS : Les gens ne s'entendent toujours pas à savoir si on devrait ou non modifier génétiquement les cultures et les aliments. En Europe, les aliments GM doivent être identifiés afin que les consommateurs sachent ce qu'ils achètent. Au Canada, aucun étiquetage du genre n'est obligatoire.

Si vous aviez hérité d'un gène susceptible de provoquer le cancer ou une maladie du cœur, aimeriez-vous le savoir ? Le dépistage génétique pourrait un jour vous indiquer la probabilité que vous avez de contracter certaines maladies et vous enseigner les façons de modifier votre régime et votre style de vie afin de les éviter. Les scientifiques considèrent souvent la connaissance comme un signe de pouvoir, mais il arrive aussi que le bonheur réside dans l'ignorance.

UNE QUESTION DE CONTRÔLE

Les consommateurs européens ont exprimé leurs préoccupations face aux cultures GM (génétiquement modifiées). Les aliments GM produits en Europe doivent désormais être étiquetés et plusieurs Européens refusent de les acheter en raison des effets à long terme sur l'environnement et la santé humaine. Ici Santé Canada exige un étiquetage particulier lorsque la composition d'un produit a été intentionnellement modifiée le produit en question doit porter un nom commun distinct.

Le génie génétique peut également présenter des avantages pour les gens du monde entier. La réussite à venir des organisations prenant part à la recherche génétique dans les domaines médical et agricole dépendra de leur aptitude à convaincre les patients et les clients que leurs craintes ne sont pas fondées, et à susciter la confiance en diffusant la vérité, et non pas en utilisant un truc de marketing quelconque.

DES GENS MARQUANTS

Francis Galton (1822-1911), un cousin de Charles Darwin, fut un pionnier de l'eugénique (science de la gestion du patrimoine génétique humain). Il encourageait la reproduction sélective des humains pour améliorer le stock génétique de la nation. Ces idées ne sont jamais vraiment parvenues à s'implanter dans sa Grande-Bretagne natale, mais elles ont donné naissance à des groupes comme le parti national-socialiste allemand dans les années 1930, lequel croyait dans la création d'une « race supérieure ». Outre ses idées sur l'eugénique, inacceptables de nos jours, on doit à Galton la notion que les empreintes digitales des individus sont toutes différentes.

L'AVENIR DE LA RECHERCHE SUR L'ADN

L'histoire de la découverte de l'ADN n'a pas connu son dénouement au moment où l'on déchiffra la structure de la molécule en 1953. À bien des égards, elle ne faisait que débuter. Nous vivons à l'aube d'une nouvelle ère scientifique et le chemin que nous empruntons maintenant aura un effet sur l'avenir de la planète et de l'espère humaine. La recherche se poursuit à un rythme inouï et les généticiens parviendront probablement bientôt à cloner des êtres humains ou à éradiquer certains handicaps. À nous de nous tenir informés pour pouvoir participer au débat entourant de tels progrès, et pour faire entendre nos voix.

CI-DESSOUS : *Alors que la recherche se poursuit dans le domaine de la génétique, nous devons nous interroger sur la façon d'exploiter les possibilités qu'elle offrira.*

« Il est presque sûr que certains aliments GM auront des conséquences néfastes. Un faible risque demeure quand même un risque. La question à laquelle on doit répondre est la même qui se pose en économie : les avantages l'emporteront-ils sur les coûts ? »

STEVE JONES, GÉNÉTICIEN ANGLAIS

LES GRANDES ÉTAPES

1735	Carl von Linné propose un système taxonomique, basé sur des caractéristiques communes, afin de désigner les organismes.
1798	Thomas Malthus publie sa thèse sur les populations et leur lutte pour la survie.
1809	Jean-Baptiste Lamark exprime ses idées sur l'évolution.
1830	Charles Lyell publie son ouvrage sur la géologie et émet l'hypothèse selon laquelle la Terre est bien plus âgée qu'on l'avait cru au départ.
1831	Charles Darwin entreprend son voyage épique sur le *HMS Beagle*; on parvient à identifier les noyaux à l'intérieur des cellules.
1839	On élabore la théorie des cellules : « tous les organismes sont constitués de cellules ».
1859	Charles Darwin publie son ouvrage intitulé *L'origine des espèces au moyen de la sélection naturelle*.
1865	Gregor Mendel publie ses travaux sur les principes de l'hérédité.
1868	Johann Friedrich Miescher isole l'acide nucléique (qu'on appellera plus tard l'ADN).
1879	Walther Flemming décrit les chromosomes lors de la division cellulaire.
1887	August Weismann constate que les cellules sexuelles possèdent la moitié du nombre de chromosomes.
1899	Premier congrès international sur la génétique à Londres.
1900	Hugo de Vries découvre les travaux de Mendel.
1905	William Bateson donne le nom de « génétique » à une nouvelle branche de la science.
1910	Thomas Hunt Morgan découvre le lien existant entre les gènes lors de ses travaux sur les mouches à fruits.
1929	Phoebus Levene découvre les désoxyriboses dans les acides nucléiques.
1944	Oswald Avery décrit l'ADN comme un matériel génétique.
1950	Edwin Chargaff démontre que le nombre de bases de l'ADN présente un modèle strict : A = T et G = C.
1953	À partir de la radiocristallographie inventée par Maurice Wilkins et Rosalind Franklin, James Watson et Francis Crick découvrent la structure à double hélice de l'ADN.
1967	On utilise pour la première fois l'amniocentèse, une technique permettant d'identifier les anomalies génétiques chez le fœtus.
1972	Paul Berg produit le premier ADN recombinant.
1973	Herbert Boyer et Stanley Cohen sont les pionniers du génie génétique.
1984	Alec Jeffreys met au point la prise d'empreintes génétiques.
1990	Début du projet du génome humain.
1994	On vend pour la première fois une tomate génétiquement modifiée.
1996	Naissance de Dolly, la brebis clonée.
2003	On publie les résultats du projet du génome humain.

GLOSSAIRE

ADÉNINE : Une des quatre bases azotées de l'ADN.

ADN : ACIDE DÉSOXYRIBONUCLÉIQUE : molécule présentant une structure à double hélice qu'on retrouve dans les chromosomes. L'ADN transmet le code génétique.

ADN ÉGOÏSTE : ADN ne jouant aucun rôle apparent. On l'appelle également « ADN non codant ».

ADNmt : ADN mitochondrial qui se trouve dans les mitochondries à l'intérieur des cellules.

AMINO-ACIDE : Composant des protéines.

ARN : Acide ribonucléique ; molécule qui transmet l'information de l'ADN et qui fabrique les protéines.

ARNm : ARN messager qui achemine l'information de l'ADN vers les ribosomes pour ainsi créer de nouvelles protéines.

ARNt: ARN de transfert ; molécule qui s'associe aux amino-acides et qui les transfère aux ribosomes où sont fabriquées les protéines.

AUTOPSIE : Examen d'un corps après le décès afin d'en établir la cause.

BACTÉRIE : L'organisme à cellule unique le plus nombreux. Les bactéries ne présentent pas de noyau distinct et leur ADN comporte un brin unique.

BLASTOCYSTE : Stade précoce de développement d'un embryon.

CELLULES GERMINALES : Cellules sexuelles, comme le sperme, le pollen, les œufs, les ovules. On parle aussi de « gamètes ».

CELLULES INDIFFÉRENCIÉES : Cellules qui ne se sont pas développées pour former des cellules corporelles spécifiques, telles les cellules nerveuses.

CELLULE SOUCHE : Cellule capable de produire de nouvelles cellules qui se transforment en divers types de tissus, tels les tissus nerveux.

CHROMOSOME : Structure longiforme qu'on retrouve dans le noyau d'une cellule et qui renferme le matériel génétique (ADN).

CHROMOSOME X : Un des deux chromosomes sexuels. L'ovule possède toujours un chromosome X. Si l'ovule et le sperme transportent tous deux un chromosome X, le descendant sera de sexe féminin.

CHROMOSOME Y : Un des deux chromosomes sexuels. Le sperme possède un chromosome X ou Y. Si le descendant présente un chromosome X et un chromosome Y, il sera de sexe masculin.

CLONAGE DE REPRODUCTION : Processus qui consiste à fabriquer une copie vivante d'un organisme et qui nécessite l'intervention d'une mère porteuse.

CLONAGE THÉRAPEUTIQUE : Processus qui consiste à créer des cellules humaines en santé afin de remplacer les cellules malades.

CLONE : Individu dont l'ADN est identique à celui d'un autre individu.

CYTOSINE : Une des quatre bases azotées de l'ADN.

DOUBLE HÉLICE : Structure dont la forme ressemble à un escalier en spirale.

ESPÈCE : Groupe d'animaux ou de plantes pouvant se reproduire entre eux et donner naissance à des rejetons fertiles.

ÉVOLUTION : Théorie expliquant la façon dont des groupes d'organismes se sont modifiés pour en arriver à leur forme actuelle.

FERTILISATION : Accouplement de cellules mâle et femelle afin de produire un nouvel organisme.

FOSSILE : Restes d'un animal ou d'une plante préservés à l'intérieur de la roche.

GÈNE : Unité de base de l'hérédité, résidant au niveau des chromosomes et transmettant l'information d'une génération de cellules à la suivante.

GÉNOME : Ensemble complet de chromosomes que contient une cellule ou un individu.

GÉNOTYPE : Ensemble génétique d'un organisme.

GUANINE : Une des quatre bases azotées de l'ADN.

HÉLICE : Structure en spirale ressemblant à un boudin.

MÉIOSE : Division cellulaire entraînant la formation de quatre cellules sexuelles ayant chacune un ensemble simple de chromosomes plutôt que l'ensemble double qu'on retrouve dans les autres cellules.

MITOCHONDRIES : Structures de la cellule qui utilisent les substances chimiques afin de fournir à la cellule l'énergie indispensable à sa croissance et à sa reproduction. Ces structures renferment des brins d'ADN.

MITOSE : Division cellulaire produisant deux cellules identiques.

MUTATIONS : Modifications aléatoires du matériel génétique d'un organisme.

NUCLÉOTIDE : Unité formée d'une molécule de sucre, d'une base azotée et de phosphate. Les chaînes de nucléotides forment l'ADN.

PHÉNOTYPE : Aspect d'un organisme en fonction du génotype et de l'environnement.

PROTÉINE : Molécule d'amino-acides dont dépendent la forme et la fonction des organismes.

RIBOSOME : Petite particule du cytoplasme des cellules qui participe à la fabrication des protéines.

SÉLECTION NATURELLE : Processus en vertu duquel les organismes qui s'adaptent à leur environnement survivent, alors que les autres disparaissent.

SNIP : De l'anglais Single Nucleotide Polymorphisms, variations individuelles du code génétique.

THYMINE : Une des quatre bases azotées de l'ADN.

URACILE : Une des quatre bases azotées de l'ARN.

VIRUS : Parasite vivant à l'intérieur des cellules d'autres organismes.

POUR DE PLUS AMPLES RENSEIGNEMENTS

SITES WEB

http://chimie.scola.ac-paris.fr/sitedechimie/chi_orga/bioorga/adn.htm
Pour tout savoir sur l'ADN, une molécule que l'on retrouve dans tous les organismes vivants.
http://www.snv.jussieu.fr/vie/dossiers/ADN_Prot/ADN_ARN/ADN_ARN2.html
La transcription de l'ADN en ARN
http://www.cns.fr/externe/Francais/Questions/
Différentes questions et réponses sur le génome humain
http://www.virtual-worlds.net/lifedrop/theories/selection.htm
Darwin et la sélection naturelle
http://agora.qc.ca/reftext.nsf/Documents/Heredite--Les_lois_de_Mendel_par_Jacques_Dufresne
Les lois de Mendel
http://www.mddep.gouv.qc.ca/jeunesse/chronique/glossaire.htm
Avec Rafale, les définitions scientifiques sont explicites.

LIVRES

Clonages et OGM de Odile Robert, Larousse, 2005.
Les gènes de l'ADN de Anna Claybourne et Stephen Moncrieff, Héritage Jeunesse, 2004.
Sur les traces de Charles Darwin de Jean-Baptiste de Panafieu, Gallimard jeunesse, 2004.
La division cellulaire et la génétique de Robert Snedden, Gamma jeunesse, 2004.
L'Arbre de la vie ou la vie de Charles Darwin de Sis Petr, Grasset jeunesse, 2004.

AUTRES SOURCES

Le domaine de la génétique évolue constamment. Consultez les journaux et les revues et écoutez les nouvelles pour tout apprendre au sujet des plus récents développements.

INDEX